계명교양총서 65

소통과 공감의 길라잡이

명심보감

범입본 편저 | 권상우 역

소통과 공감의 길라잡이:

명심보감

펴낸날	2017년 8월 31일 – 초판1쇄 발행 2024년 1월 24일 – 초판3쇄 발행
편저자	범입본(范立本)
역 자	권상우
펴낸이	신일희
펴낸곳	계명대학교출판부 42601 대구광역시 달서구 달구벌대로 1095 전화 053) 580-6233 팩스 053) 580-6235 http://www.kmupress.com
등 록	1970.9.1. [신고번호 제347-1998-1호]
	ISBN 978-89-7585-797-3 03190
	값 11,000원

이 도서의 국립중앙도서관 출판예정도서목록(CIP)은 서지정보유통지원시스템 홈페이지(http://seoji.nl.go.kr)와 국가자료공동목록시스템(http://www.nl.go.kr/kolisnet)에서 이용하실 수 있습니다. (CIP제어번호: CIP2017018257)

계명교양총서 65

소통과 공감의 길라잡이

명심보감

범입본 편저 | 권상우 역

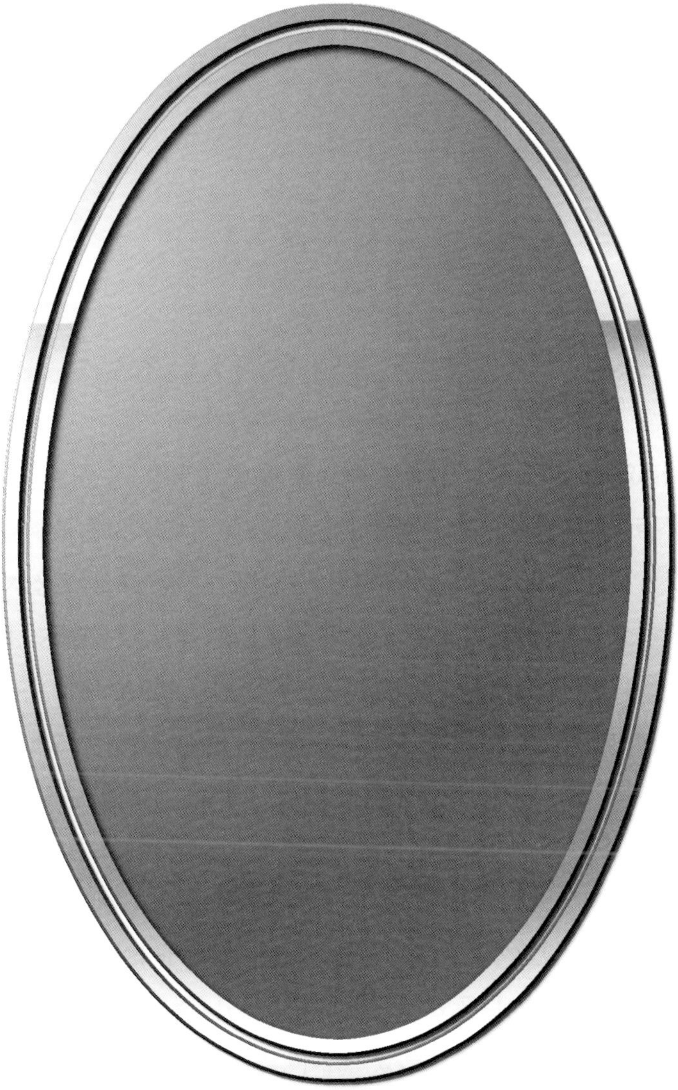

『명심보감』: 마음을 밝히는 보물과 같은 거울

동양의 성인들은 내면의 중요성을 언급하면서 내면을 바라볼 수 있도록 가르쳤다. 공자(孔子)는 위인지학(爲人之學)이 아니라 위기지학(爲己之學)을 강조하였고, 불교에서는 마음 밖에서 진리를 구하기보다는, 자신의 내면을 비춰보라는 회광반조(回光返照)를 학문의 방법으로 권하였으며, 도가 또한 인간의 인위적인 성과에 급급하기 보다는 내면의 자연적 본성을 살펴보도록 하였다. 그들 모두 인간 내면을 분석하고 참된 마음을 구할 수 있는 가르침을 경전에 남겼다. 그래서 동양에서 경전은 자신의 내면을 비추는 거울이라 할 수 있다. 그러나 경전은 인간 내면을 심층적으로 분석하고 있기 때문에 이해하기가 어렵다. 그래서 전문적인 지식인만이 아니라 일반인도 자신의 내면을 비쳐볼 수 있는 책이 필요하다. 그런 책이 바로 『명심보감』이다.

'명심보감(明心寶鑑)'은 '마음을 밝히는 보물과 같은 거울'이라는 뜻이다. 『명심보감』에 대해서 율곡은 다음과 같이 말한 적이 있다.

"명심보감을 무엇 때문에 지었는가? 후학들이 이로움을 따르고 의로움은 잊음을 근심하여 지은 것이다. (중략) 지금 이 책을 보건대, 그 말한 바가 여러 유학자(諸儒)의 설을 섞어 인용하여 문리(文理)와 그 어맥(語脈)이 『중용』, 『대학』의 관통하는 바와는 같지 않다. 그러나 그 가르치고자 하는 바는 또한 천명이 부여한 혼연한 이치에 근본하고 사람의 일용, 윤리의 밖에서 구하려고 하지 않아 글의 절(節)마다 인도하고, 구(句)마다 깨우쳐서 사람으로 하여 악을 버리고 선으로 나아가며 의로움을 따르고 이익을 잊게 하니, 이 책의 지음이 어찌 우연한 것이랴? 지금 사람이 거울을 가지고 몸을 비춰서 그 용모의 바르지 못한 것을 보면 반드시 그 나쁜 것을 알아 바르게 할 것이다. 이 책을 보고 제 몸을 돌이켜 구해서 마음을 살피고 몸 닦기를 또한 거울로 얼굴을 비추어 그 모습을 고치는 것과 같이 한다면, 아마 이 책이름의 뜻과 같이 그 마음의 바름을 잃지 않을 것이다(후략)."

율곡은 후학이 이익만을 따르고 의로움을 소홀히 하는 것을 걱정하면서, 『명심보감』 서문에서 "절마다 인도하고 구마다 깨우쳐서 사람이 악을 버리고 선으로 나아가며 의로움을 따르라."고 말하고 있다. 율곡도 『명심보감』을 외부에서 명예를 구하거나 돈을 구하기 위한 책이 아니라 자신의 내면을 비춰보는 거울과 같은 책으로 소개하고 있다.

『명심보감』은 조선 시대 선비들이나 서민들이 반드시 한번쯤 읽어보아야 할 교양서였다. 『명심보감』은 과거시험에 지원하고자 하는 학자들의 필독서일 뿐만 아니라 일반 서민들의 교육기관인 서당에서도 필수교재로 사용하였고, 각 가정마다 한 권씩 비치해 두고 읽었다. 선인들은 『명심보감』을 항상 주변에 두고 여유가 있을 때마다 읽으면서 자신의 마음을 바로잡았다.

현대인은 외형적인 가치에 집착하면서 자신의 내면을 살피는 데는 소홀하다. 『명심보감』에서는 인간이 왜 선한 행위를 해야 하며, 어떻게 자신을 반성하면서 살아가야 하는지, 착한 마음은 어떻게 지닐 수 있으며, 생활실천 규범을 어떻게 지켜야 하며, 효는 어떻게 해야 하며, 마음의 아픔은 어떻게 치유해야 하는지에 관한 문구를 발췌해 싣고 있다.

현대인 대부분은 내면보다는 외형적인 가치를 중시하는 경향이 있다. 스펙 쌓기, 외국어 능력 습득, 전공지식 습득 등 개인의 능력 향상만을 중요시하면서 타인의 고통을 공감하고 소통할 수 있는 능력은 부족해졌다. 동양전통사회에서는 타인을 배려하고 더불어 살아가는 행위를 선한 것으로 보고, 자신의 욕망에 충실하면서 개인의 이익만을 추구하는 행위를 악으로 간주하였다. 그런데 오늘날 우리는 자신의 이익을 추구하는 것에는 익숙해져 있고 그 방법도 잘 알고 있다. 하지만 타인과 소통하고 공감할 수 있는 방법에 대해서는 무지하다고 해도 과언은 아니다.

『명심보감』에서는 부모와의 관계에서 효, 친구 간의 우정과 의리, 부부 관계, 형제 관계, 어른과 아이의 관계 등 타인과 소통할 수 있는 인성을 강조한다. 『명심보감』은 개인의 인격을 수양하고, 가정을 원만하게 이끌 수 있는 능력과 사회에 참여하며, 나라를 다스릴 수 있는 방법에 이르기까지 다양한 영역을 다루고 있는 지혜서이다. 그래서 역자는 독자들이 이 책을 소통과 공감의 관점에서 읽기를 바라는 마음에서 〈소통과 공감의 길라잡이: 명심보감〉으로 서명을 붙여 보았다.

『명심보감』은 전통 사회의 수신서(修身書)이기에 여성관 등에 관한 내용은 오늘날 민주주의 사회에서는 수용하기 어려운 구절도 분명히 있다. 이러한 구절을 통해 전통사회의 여성관을 이해하고, 더 바람직한 여성관을 생각해 볼 수 있는 자료로 활용할 수 있기를 바란다. 현대인이 『명심보감』을 읽으면서 자신의 존재 가치를 몸소 체득하고 타인과 소통할 수 있는 능력과 공감 능력을 배양할 수 있다면 역자로서 더할 나위 없겠다.

차례

인과응보의
순리와
인간 도리

1. 계선편(繼善篇): 착한 일을 계속하라

1-1: 공자(孔子)가 말하기를, "착한 일을 하는 사람에게는 하늘이 복을 주고, 악한 일을 하는 사람에게는 하늘이 재앙을 내린다."

子曰(자왈), 爲善者(위선자), 天報之以福(천보지이복), 爲不善者(위불선자), 天報之以禍(천보지이화).

(字義) 한문은 대구로 표현하는 경우가 많다. 위 문장에서는 善과 不善, 福과 禍를 대구로 표현하면서 선한 경우에 복을 받음을 강조하였다. 1. 子는 일반적으로 '아들 자'의 뜻으로 사용되지만, 남자를 일컫는 통칭(通稱)으로 사용되기도 한다. 그리고 동양 고전에서는 옛 성현을 높이는 말로 사용된다. 즉 오늘날 용어로 말하면, '존경하는 선생님'으로 이해할 수 있다. 앞에 성(姓) 없이 子로만 사용할 경우에는 공자(孔子)를 지칭하기도 한다. 그래서 '공자 선생님'이라고 표현하면 이중표현이 된다. 2. 爲는 타동사로 사용되어 '~을 하다', '~을 행하다'의 뜻으로 사용된다. 3. '~~者'는 ' ~하는 사람', '~하는 것'의 뜻으로 문장 내에서 다른 말 뒤에 붙어서 명사구를 이룬다. 여기서는 '爲善者'는 '착한 일을 하는 사람'으로 명사구를 이루고 있다. 4. 報는 '갚을 보'의 뜻이다. 5. 之는 한문에서 여러 의미로 사용된다. ① 술어로는 '~에 가다' (갈 지)의 뜻이 있다. ② 관형격 조사인 '~의'의 뜻이 있다. ③ 어조사로서 사용되어 목적어·대명사(지시대명사)로서 사용되기도 한다.

▶ 착한 사람에게는 하늘이 복을 내리고 악한 사람에게는 재앙을 내린다. 그러나 반드시 복과 재앙을 내리는 주체를 인격적인 하늘로만 볼 필요는 없다. 우리는 일상생활에서 선한 행위를 하는 사람을 만나면 돕고 싶지만 반대로 악한 사람을 보면 가까이 하기를 싫어한다. 그래서 편저자가 이 구절을 뽑은 이유는 사람들에게 선한 일을 하고 악한 일을 하지 말라는 교훈적인 의미를 담고 있다.

1-2: 한(漢)나라의 소열(昭烈)황제가 임종할 무렵 세자에게 경계하여 타일러 말하기를 "착한 일은 적다고 하여서 하지 않으려 해서는 안 되며, 나쁜 일은 적다고 하여서 하려고 해서도 안 된다."라고 말하였다.

漢昭烈將終(한소열장종), 勅後主曰(칙후주왈), 勿以善小而不爲(물이선소이불위), 勿以惡小而爲之(물이악소이위지).

(字義) 위의 문장 역시 대구로 구성되어 있다. 1. 한소열(漢昭烈)은 촉한(蜀漢)의 유비(劉備)가 황제가 된 후의 시호이다. 2. 將은 '장차 … 하려고 한다'의 뜻으로 미래 시제를 나타낸다. 3. 終은 '다하다', '그치다', '마치다'의 뜻이 있으며, 위 문장에서는 '죽음'을 뜻한다. 4. 勅(칙)은 '조칙(操飭)하다'는 의미로, 경계하여 타이른다는 뜻이다. 5. 後主는 '다음 임금'을 뜻한다. 즉, 위 문장에서는 유비의 아들을 가리킨다. 유비 아들의 이름은 선(善)이며, 무능하고 어리석은 임금으로 알려져 있다. 6. 以는 주로 명사의 앞뒤에 붙어서 '~로서'의 뜻으로 사용되지만, 위 문장에서는 以 뒤에 명사절을 받아서 '이유'를 나타낸다. 7. 勿은 금지사로 주로 문장 앞에 쓰인다.

▶ 이 글은 『삼국지(三國志)』의 등장인물로 유명한 촉한의 유비가 임종할 때 자신의 아들에게 경계하여 이른 말이다. 선한 일이라면 아무리 작은 일이라도 해야 하고, 악한 일은 아무리 작은 일이라도 하지 말아야 한다. 우리는 하루 동안 수많은 행동을 하지만 착한 행위인지 생각해 보고 행동하는 경우는 드물다. 길에서 휴지를 버리지 않았는지, 지하철에서 노약자에게 좌석을 양보했는지, 친구와 사이좋게 지냈는지 등 자신의 모든 행위가 선한지를 생각해 보아야 한다. 우리 속담에 "바늘 도둑이 소도둑 된다."라는 말이 있다. 작은 악이 큰 악이 될 수 있듯이, 사소한 착한 일이 모여 큰 착한 일이 된다. 그래서 사소한 행동일지라도 선에서 벗어나지 않도록 노력하는 것이야말로 자신의 마음을 닦는 길이다.

1-3: **장자(莊子)가 말하기를, "하루라도 착한 일을 생각하지 않으면 온갖 악들이 저절로 생긴다."**

莊子曰(장자왈), 一日不念善(일일불념선), 諸惡皆自起(제악개자기).

(字義) 1. 莊子는 중국 전국시대의 철학가이다. 노자의 '무위자연설(自然無爲說)을 발전시켜 노장사상을 확립하였다. 2. 念은 '~을 생각하다'는 뜻이다. 3. 諸惡은 '모든 악'을 뜻한다. 4. 皆는 '모두 개'이다. 주로 '주격 대명사'로 사용된다.

1-4: **태공(太公)이 말하기를, "착한 일을 보면 목마를 때 물을 본 듯이**

주저하지 말고, 악한 것을 듣거든 귀머거리가 못 듣는 것처럼 하라." 또 말하기를, "착한 일은 반드시 탐내어 하고, 악한 일을 하는 것을 즐거워 하지 말라."

太公曰(태공왈), 見善如渴(견선여갈), 聞惡如聾(문악여롱). 又曰(우왈), 善事須貪(선사수탐), 惡事莫樂(악사막락).

(字義) 1. 太公은 강태공(姜太公)을 말한다. 주(周)나라 창건에 공을 세운 인물이다. 2. 渴은 '목마를 갈'의 뜻이다. 見善如渴은 '선을 보기를 목마를 때 물을 찾는 것과 같이 한다'는 뜻이다. 3. 聾은 '귀머거리 롱'의 뜻이다. 4. 須는 '모름지기 수', '모름지기 ~해야 한다'의 뜻이다. 須貪은 '모르지기 탐내야 한다'는 뜻이다. 5. 莫은 금지사이다.

▶ 목이 마를 때 물을 찾는 것은 생리적 본능이다. 사람은 생리적 본능에는 충실하지만 사람의 도리에 대해서는 소홀히 하는 경향이 있다. 이 구절은 착한 일을 보면 목마를 때 물을 보듯이 실천하고 노력해야 한다고 말한다.

1-5: 마원(馬援)이 말하기를, "평생토록 착한 일을 하더라도 오히려 부족하고, 하루라도 악한 일을 행하면 그 악(惡)은 저절로 남음이 있다."

馬援曰(마원왈), 終身行善(종신행선), 善猶不足(선유부족), 一日行惡(일일행악), 惡自有餘(악자유여).

(字義) 1. 馬援(마원, B.C. 11~A.D. 49)은 후한(後漢)의 장군이며, 자는 문연(文淵)이다. 광무제(光武帝)에 의해 복파장군(伏波將軍)으로 임명되어 베트남과 흉노(匈奴) 토벌 등 많은 공을 세웠고, 그 공으로 신식후(新息侯)에 봉해졌다. 2. 終身은 '몸을 마친다', '죽는다'는 의미로 자주 사용되는 관용구이다. 3. 猶는 ①오히려 유, ②같을(如) 유, 여기서는 부사로 ①의 의미로 사용되었다.

▶ 이 구절은 선과 악을 '終身'과 '一日', 부족함과 남음의 대조를 통해 선을 실천하고 악을 억제해야 함을 강조한다.

1-6: 사마온(司馬溫)이 말하기를, "돈을 모아 자손들에게 물려주더라도 자손이 반드시 그 돈을 다 지킬 수 없고, 책을 수집해 자손들에게 물려주더라도 자손이 그 책을 다 읽지 못할 것이다. 이는 남모르게 음덕(陰德)을 쌓아서 자손을 위한 원대한 계획을 세우는 것만 못하다."

司馬溫公曰(사마온공왈), 積金以遺子孫(적금이유자손), 未必子孫能盡守(미필자손능진수), 積書以遺子孫(적서이유자손), 未必子孫能盡讀(미필자손능진독). 不如積陰德於冥冥之中(불여적음덕어명명지중), 以爲子孫之計也(이위자손지계야).

(字義) 1. 司馬溫은 북송(北宋)의 유명한 신하이다. 2. 以는 명사절 다음에 오면 '~함으로써'의 의미이다. 3. 未必은 부분 부정으로 '반드시 ~하는 것은 아니다'는 뜻이다. 4. 盡은 '다 진', '모두 진'의 의미이다. 5. '不如~'는 '~만 못하다', '하는 것만 못하다'의 뜻이다. 6. 陰德은 '陰

德陽報(음덕양보)'의 준말로서 '남모르게 착한 일을 하면 그에 대한 보답을 받는다'는 의미이다. 7. 以爲는 관용적인 표현으로 '~으로 여기다', '~으로 생각하다', '~으로 삼다'의 뜻으로 사용된다.

1-7: 『경행록(景行錄)』에 말하기를, "은혜와 의리를 널리 베풀어라. 사람이 어느 곳에서 살든 서로 만나지 아니하랴? 원수와 원한을 맺지 말라. 좁은 길에서 만나면 피하기 어렵다."

景行錄曰(경행록왈), 恩義廣施(은의광시), 人生何處不相逢(인생하처불상봉). 讐怨莫結(수원막결), 路逢狹處難回避(노봉협처난회피).

(字義) 1. 『경행록(景行錄)』은 밝고 올바른 행실을 기록한 중국 송나라 때의 책으로 현재 전해지지는 않는다. 2. 위 문장 역시 대구로 이루어져 있다. 3. 恩義는 목적어이지만 廣施 뒤에 사용되어야 한다. 하지만 위 문장에서는 강조하기 위해 술어 앞에다 사용하였다. 4. 生은 '~에 살다'의 뜻이다. 5. 何는 의문사이다. '무엇 하', '어찌 하'의 뜻이다. 6. 難+술어~는 '~하기 어렵다'는 뜻이다.

▶ 사람은 남에게 은혜와 의로움을 베풀면서 살아가야 한다. 인간은 인생사에서 다른 사람과 언제, 어디서, 어떻게 만날지 모른다. 그때 좋은 인연으로 만나면 향후에 도움을 받을 수 있지만, 나쁜 인연으로 만나면 향후에 해를 입을 수 있다. 우리 속담에 "원수는 외나무다리에서 만난다."라는 말이 있다. 원수는 만나기를 바라지 않지만 만나게 되는 경우가 많다. 그래서 다른 사람과 원수를 맺

지 말라는 말이 있다. 그러나 실제로 남이 나를 원수로 여기는 것이 아니라 내가 원수로 만든 경우가 적지 않다. 다른 사람과 좋은 관계이든 나쁜 관계이든 모두 나에 의해 맺어진다. 그래서 주위 사람들과 좋은 관계를 맺도록 노력해야 한다. 그러면 남도 내가 어려운 상황에 처하게 되면 도움을 준다. 스스로 뿌린 씨앗은 스스로 거두게 되는 것이 하늘의 이치이다. 선한 씨앗을 심으면 언젠가 복을 받을 수 있다.

1-8: 장자(莊子)가 말하기를, "나에게 착한 일을 하는 자에게는 나 또한 착하게 하고, 나에게 악한 일을 하는 자에게도 나 또한 착하게 하라. 내가 이전에 남에게 나쁘게 하지 않았다면, 남도 나에게 나쁘게 하는 일이 없을 것이다."

莊子曰(장자왈), 於我善者我亦善之(어아선자아역선지), 於我惡者我亦善之(어아악자아역선지). 我旣於人無惡(아기어인무악), 人能於我無惡哉(인능어아무악재).

(字義) 1. 於我善者는 하나의 명사구로 '나에게 선하게 하는 사람'의 뜻이다. 2. 善은 여기서 술어로 사용되었다. '~을 선하게 여기다', '~을 선하게 대하다'는 뜻으로 쓰인다. 善 다음에 之는 善을 술어로 만들기 위해 사용되었다. 3. 哉는 감탄형 종결 어조사이다.

1-9: 동악성제(東岳聖帝)가 훈계하기를, "하루 착한 일을 행하면 복(福)

이 당장 생기지는 않지만 재앙(禍)은 멀어지게 되고, 하루 나쁜 일을 행하면 재앙은 당장 생기지는 않지만 복은 저절로 멀어진다. 착한 일을 하는 것은 봄 동산의 풀과 같다. 그 자라나는 것은 보이지 않지만 나날이 자라나고, 나쁜 일을 하는 것은 칼을 가는 숫돌과 같아서 닳아 없어지는 것이 보이지 않지만 나날이 닳아 없어지는 것과 같다."

東岳聖帝垂訓曰(동악성제수훈왈), 一日行善(일일행선), 福雖未至(복수미지), 禍自遠矣(화자원의). 一日行惡(일일행악), 禍雖未至(화수미지), 福自遠矣(복자원의). 行善之人(행선지인), 如春園之草(여춘원지초), 不見其長(불견기장), 日有所增(일유소증), 行惡之人(행악지인), 如磨刀之石, (여마도지석), 不見其損(불견기손), 日有所虧(일유소휴).

(字義) 1. 東岳聖帝는 도교(道敎)의 신으로 동악대제(東嶽大帝: 泰山神)라고도 한다. 2. 垂는 '(위에서 아래로) 드리울 수'의 뜻이다. 3. 雖는 '비록 수'의 뜻이다. 주어는 雖 앞에 위치하는 것이 일반적이다. 4. 矣는 주로 단정, 결과, 확정 등의 뜻을 함축하고 있으며, 확신을 나타내는 종결형 어조사이다. 5. 其는 '春園之草'를 받는 대명사로 사용되었고, 주격으로 해석해야 한다. 6. 日은 위 문장에서는 부사로 사용되어 '날마다'의 의미이다.

▶ 자연은 인과법칙으로 이루어져 있다. 봄이 오면 꽃이 피고, 가을이 오면 꽃이 지고 잎이 떨어진다. 자연 현상은 원인이 있으면 그에 따르는 결과가 발생한다. 인간사도 마찬가지이다. 선한 행위가 원인이 되어 복의 결과로 나타나고, 악한 행위가가 원인이 되어 재앙의 결과로 나타난다. 이런 인과 관계는 원인 뒤에 바로 결과로

나타나면서 눈으로 확인할 수 있지만, 원인과 결과가 시간적으로나 공간적으로 떨어져 발생할 경우에는 직접 경험할 수 없는 경우도 있다. 선과 복, 악과 재앙의 인과 관계 또한 눈앞에 바로 드러나는 일은 아니지만 인과 관계가 성립된다.

1-10: 공자(孔子)가 말하기를, "(다른 사람의) 착한 행위를 보거든 자신이 아직 부족한 것과 같이 하고, (다른 사람의) 악한 행위를 보거든 끓는 물을 만지는 것과 같이 하라."

子曰(자왈), 見善如不及(견선여불급), 見不善如探湯(견불선여탐탕).

(字義) 1. 如不及는 '미치지 못하는 것과 같이 하다'는 뜻이다. 2. 湯은 '끓일 탕'의 뜻이다. 探湯은 '끓는 물을 손으로 만진다'는 뜻이다.

▶ 우리는 다른 사람의 선행과 악행을 나와는 아무런 관계가 없다고 생각한다. 그러나 공자는 남의 행위를 타산지석(他山之石)으로 삼아 자신을 반성해 보라고 말한다.

2. 천명편(天命篇): 하늘의 명을 알라

2-1: 공자께서 말씀하시길, "하늘에 순종하는 사람은 살고, 하늘에 거역하는 사람은 망한다."

子曰(자왈), 順天者存(순천자존), 逆天者亡(역천자망).

(字義) 1. 子는 선생을 의미한다. 여기서는 맹자를 말한다. 2. 順은 '좇을 순'이며, '순종하다', '순응하다'는 뜻이다. 順天者가 하나의 명사구로 주어가 된다. 3. 逆은 '거스를 역'의 뜻이다. 順과는 서로 대칭이 되는 말이다. 逆天者는 '하늘의 도리를 어기는 자'를 뜻한다.

▶ 천명은 하늘의 법칙이다. 하루는 밤과 낮을 반복하고, 1년은 봄, 여름, 가을, 겨울을 반복하면서 농산물과 초목을 자라게 하는 등 세상 만물을 생성하고 자라게 한다. 하늘의 섭리는 잠시도 어긋나지 않는다. 유학 경전 중에 하나인 『중용(中庸)』에서는 이러한 자연의 법칙이 인간에게 부여되어 인간 본성(人性)이 된다고 말한다(天命之謂性). 그리고 인간 본성을 잘 통솔해 가는 것이 바로 길(道)라고 하였다(率性之謂道). 이 길을 잘 갈 수 있도록 닦는 것을 가르침(교육)이라고 하였다(修道之謂敎). 이와 같이 『중용』에서는 하늘의 이치를 따르는 일을 선한 행위로, 하늘의 이치를 거스르는 일을 악한 행위라 한다. 공자는 하늘의 이치에 순응하는 사람은 흥하고, 그렇지 않는 사람은 망하다고 하였다. 그래서 『중용』에서

는 선한 행위를 할 수 있도록 늘 자신의 마음을 닦아야 한다고 강조한다.

2-2: 소강절(邵康節) 선생이 말하기를, "하늘의 들으심은 고요하여 소리가 없으니 창창한 하늘 어느 곳에서 찾을 것인가. 높지도 않고 멀지도 않으니, 모든 것이 단지 사람의 마음에만 있을 뿐이다."

康節邵先生曰(강절소선생왈), 天聽寂無音(천청적무음), 蒼蒼何處尋(창창하처심). 非高亦非遠(비고역비원), 都只在人心(도지재인심).

(字義) 1. 소강절(康節邵) 선생은 북송(北宋) 때의 유학자이며, 康節은 죽은 뒤에 지은 이름이고, 성(姓)은 邵이다. 2. 위 문장은 한 편의 철학적 시(詩)로 이해할 수 있다. 3. 寂無音은 '고요하여 소리가 없음'을 뜻한다. 4. 都는 '모두 도'의 뜻이다. 都只는 '모두가 다만'의 뜻이다.

▶ 이 구절은 한 편의 철학적 시이다. 하늘은 아무 소리도 듣지 못하고 그저 푸르기만 할 뿐 그 뜻을 알 수 없다. 하지만 하늘의 뜻은 높은 곳에 있는 것도 아니고 멀리 있는 것이 아니라 사람의 마음에 이미 내재해 있다. 하늘은 자연적인 현상이지만 그 의미는 사람의 마음에서 알 수 있다. 그래서 동양철학에서는 사람의 올바른 마음과 착한 마음을 하늘의 마음으로 보았다. 사람이 올바르고 착한 마음을 지니고 살아가고자 함이 바로 하늘에 순응하는 삶이 된다.

2-3: 현제(玄帝)가 훈계하기를, "사람 사이에 사사롭게 하는 말을 하늘은 우레와 같이 큰 소리로 듣고, 어두운 방에서 남을 속이려는 마음을 귀신은 번개와 같이 본다."

玄帝垂訓曰(현제수훈왈), 人間私語(인간사어), 天聽若雷(천청약뢰), 暗室欺心(암실기심), 神目如電(신목여전).

(字義) 1. 위 구절은 문장의 대구를 파악하면 이해하기가 쉽다. 2. 玄帝는 도가에서 받들어 모시는 신이다. 3. 垂訓은 '가르침을 내리다'는 뜻이다.

▶ 하늘의 마음은 사람에 내재해 있는데, 이를 양심이라 한다. 다른 사람을 속일 수는 있어도 자신의 양심은 속일 수 없다, 자신의 잘못은 그 누구보다도 자신이 잘 알고 있다. 그래서 사람은 언제나 남이 듣지 않고 보지 않는 곳일수록 말과 행동을 더욱 조심해야 한다. 『대학(大學)』에서는 '자신을 삼가라(신독, 愼獨)'라는 말이 있고, 『중용(中庸)』에서는 "남이 보지 않는 데서 행동을 조심하고, 남이 듣지 않는 데서 두려워해야 한다."라고 하였다. 그리고 우리 속담에 "낮말은 새가 듣고 밤말은 쥐가 듣는다."라고 하였다. 혼자 있을 때 자신의 마음과 행위를 더욱 조심하고 경계해야 한다.

2-4: 『익지서(益智書)』에 이르기를 "만일 악한 마음이 가득 차면 하늘이 반드시 그를 죽일 것이다."

益智書云(익지서운), 惡鑵若滿(악관약만), 天必戮之(천필륙지).

(字義) 1. 익지서(益智書)는 송대(宋代)의 책이다. 2. 鑵은 '두레박 관', 여기서 악관(惡鑵)은 나쁜 마음을 비유하였다. 3. 戮은 '죽일 륙', 天必戮之에서 之는 대명사로 사용하지 않고 어기(語氣)를 고르게 할 목적으로 사용하였다.

▶ 마음은 사람의 생각을 담는 그릇이다. 이 그릇에 선한 것을 담을 수도 있고 악한 것을 담을 수도 있다. 그런데 하늘이 준 마음에 악한 생각을 가득 담게 되면 하늘이 큰 재앙을 내릴 수도 있다. 그러므로 하늘이 준 그릇에 착한 생각을 가득 채우도록 노력해야 한다.

2-5: 장자(莊子)가 말하기를, "만일 악한 일을 행하여 세상에 이름을 드러내고자 한다면, 비록 다른 사람이 그를 해치지 않는다 하더라도 하늘이 반드시 그를 죽일 것이다."

莊子曰(장자왈), 若人作不善(약인작불선), 得顯名者(득현명자), 人雖不害(인수불해), 天必誅之(천필주지).

(字義) 1. 若은 ①만약 ~한다면, 만약 ~할지라도, ②마치 ~와 같다의 의미가 있다. 여기서는 ①의 뜻으로 쓰였다. 2. 得은 '~을 얻다'라는 뜻이지만, 뒤에 술어가 오면 조동사로 의역해 주는 것이 자연스럽다. 3. 顯은 '나타낼 현', '드러낼 현'의 뜻이다. 4. 雖는 '비록 수', 주어는 일반적으로 雖 앞에 사용된다. 5. 誅는 '벨 주'의 뜻이다.

▶ 세상에는 악하고 옳지 못한 방법으로 성공한 사람이 있다. 이런 사람에게 당장 해가 없다고 하더라도 그 성공이 오랫동안 유지되기는 어렵다. 이는 중국 은(殷)나라 주(紂)왕의 이야기에서도 알 수 있다. 주왕은 매우 난폭하여 백성들은 그가 죽기만을 바랐다. 하지만 당시 정치체제에서 주왕을 처벌할 방법이 없었다. 주왕은 이런 민심을 알고서 더욱 포악해졌다. 그는 "나는 저 해와 같다. 저 해가 없어지기 전에 죽지 않는다."라고 노래하자 이에 대해 백성들은 "저 해는 언제 없어질고, 나도 너와 함께 죽겠다."라고 노래하였다. 이에 주나라 무(武)왕이 주를 없애기 위해 혁명을 일으켰다. 이 혁명에 당시 70여 부족이 혁명에 자발적으로 참여하였다. 무왕의 혁명은 동양전통사회에서 가장 대표적인 혁명으로 꼽힌다. 일반 백성들은 무왕이 주왕을 벌한 것이 아니라 하늘이 주왕을 벌한 것(天罰)이라고 생각하였다.

2-6: 오이씨를 심으면 오이를 얻고, 콩을 심으면 콩을 얻는 것이니, 하늘의 그물은 넓고 넓어 엉성하여 빠져나갈 구멍이 얼마든지 있어 보이지만 어느 하나도 빠져나가지 못한다.

種瓜得瓜(종과득과), 種豆得豆(종두득두), 天網恢恢(천망회회), 疎而不漏(소이불루).

(字義) 1. 種은 명사로는 '씨'란 뜻이고, 술어로는 '심을 종'이다. 2. 瓜는 '외(오이) 과'의 뜻이다. 種瓜得瓜는 '오이를 심으면 오이를 얻는다'는 뜻이다. 3. 恢는 '넓을 회'의 뜻이다. 4. 疏는 '성길 소'의 뜻이다.

5. 漏는 '셀 루'의 뜻이다. 天網恢恢 疎而不漏은 자신이 심은 선과 악의 씨앗에 따라 복과 재앙의 결실을 맺게 되는 것이 하늘의 이치이며, 이러한 진리는 비록 엉성해 보여도 절대로 예외가 없다는 뜻이다.

2-7: 공자가 말하기를, "(악한 일을 하여) 하늘에 죄를 지으면 빌 곳이 없다."

子曰(자왈), 獲罪於天(획죄어천), 無所禱也(무소도야).

(字義) 1. 於天은 '하늘에 대해서'라는 뜻이다. 獲罪於天은 '하늘에 죄를 얻다'는 뜻이다. 2. 禱는 '빌 도'의 뜻이다. 3. 也는 평서문의 종결형 어조사로 사용되었다.

3. 순명편(順命篇): 하늘의 명을 따르라

3-1: **공자가 말하기를, "죽고 사는 것은 천명(天命)에 있고, 부귀(富貴)는 하늘에 달려 있다."**

子曰(자왈), 死生有命(사생유명), 富貴在天(부귀재천).

(字義) 1. 萬事는 '모든 일'을 뜻한다. 2. 命은 ①목숨→生命 ②운명·운수→運命 ③ 명령→天命 ④이름 짓다→命名 ⑤표적→命中. 이 구절에서는 ②와 ③의 의미로 이해할 수 있다. 3. 富貴在天는 '부귀는 하늘에 있다'이다. 즉, '부귀는 하늘에 달려 있다'는 뜻이다.

▶ 위의 구절은『논어(論語)』「안연편(顔淵篇)」에 실려 있다. 공자는 생사와 부귀는 인간이 바랄 수 있는 바가 아니라고 말하였다. 공자의 천명(天命)사상은 사람들이 운명에 순종해야 한다는 것이 아니라 도덕적인 삶을 살도록 하는 데 강조점이 있다. 공자의 천명사상은 맹자의 말에서도 분명하게 알 수 있다. 맹자는 "명이 아님이 없으니 순리대로 올바름을 지킬 뿐이라(莫其命也, 順守其正)"라고 했으며, "일찍 죽거나 오래 삶에 흔들리지 않고 몸을 닦아 기다릴 뿐이다(夭壽不貳, 修身以俟之)."라고 하였다. 맹자는 인간의 수명이나 부귀는 천명이기 때문에 인간이 어찌할 수 없지만 선한 행위는 인간의 의지에 따라 실천할 수 있다고 보았다.

3-2: 모든 일은 분수가 이미 정해져 있는데, 덧없는 인생 부질없이 스스로 바쁘게 움직인다.

萬事分已定(만사분이정), 浮生空自忙(부생공자망).

(字義) 1. 分은 ①나눌 분 ②구별할 분 ③길이·무게·시간·각도·화폐 등의 단위 ④신분·직분·분수의 의미가 있이며, 여기서는 ④의 의미로 사용되었다. 2. 已는 '이미 이'의 뜻이다. 3. 浮는 '뜰 부'의 뜻이며, 生은 여기서는 명사로 사용되어 '인생'을 의미한다. 浮生(부생)은 한 단어로 사용되어 '덧없는 인생'을 의미한다. 空(공)은 부사로 '헛되이', '공연히'의 뜻이다. 4. 忙은 '바쁠 망'의 뜻이다.

▶ 세상의 모든 일에는 분수가 이미 정해져 있다. 하지만 어리석은 사람들은 분수도 모르고 부질없이 바쁘게 살아간다. 인간은 자신이 할 수 있는 일과 할 수 없는 일을 분별할 수 있어야 한다. 이 구절에서는 자신이 할 수 있는 일과 할 수 없는 일을 인지하면서 자신의 능력과 본분에 맞는 삶을 살아야 한다고 말하고 있다.

3-3: 『경행록』에 이르기를, 재앙은 다행히 면할 수 없는 것이요, 복은 두 번 얻을 수 없느니라.

景行錄云(경행록운), 禍不可倖免(화불가행면), 福不可再求(복불가재구).

(字義) 1. 可以+술어는 관용구로 '~할 수 있다'의 뜻이다. 따라서 不可以+술어는 '~할 수 없다'의 뜻이다. 2. 倖은 부사로, '요행히 행', '다행 행'의 의미이다.

▶ 자신의 악한 행위로 발생한 재앙을 불행으로 생각하면서 그 재앙에서 벗어나기를 기대해서는 안 된다. 재앙과 복은 자신이 한 행위의 결과에 불과하다. 그래서 재앙을 사전에 방지하기 위해서는 착한 행위를 해야 한다.

3-4: (운이 좋아) 때가 오면 바람이 일어나 등왕각(騰王閣)으로 보내주지만, 운이 없으면 천복비(薦福碑)에도 벼락이 떨어진다.

時來(시래), 風送騰王閣(풍송등왕각), 運退(운퇴), 雷轟薦福碑(뇌굉천복비).

(字義) 1. 이 문장 역시 대구로 이루어져 있다. 2. 轟은 '울릴 굉', 수레소리나 천둥소리를 나타낸다. 3. 이 구절은 관련 고사를 알아야 이해될 수 있다.

▶ 사람이 일생을 살다보면 운이 좋을 때도 있고 좋지 않을 때도 있다. 운이 좋을 때에는 적은 노력으로도 좋은 결과를 얻을 수 있지만, 운이 좋지 않을 때에는 아무리 노력해도 결실을 얻지 못한 경우가 있다. 이를 이해하기 위해 두 일화가 도움이 될 수 있다. 당나라의 시인 왕발(王勃)은 바람의 덕분으로 하룻밤 사이에 남창

(南昌) 7백리 뱃길을 달려 등왕각 연회에 참석해서 불후의 명작 등왕각서(騰王閣書)를 지어 장원을 할 수 있었다. 이에 반해 중국의 송나라 어느 가난한 서생은 강서성(江西省) 천복산에 있는 명필 구양순(毆陽詢)이 쓴 천복사비(薦福寺碑)를 탁본해 오면 천금을 주겠다는 제의를 받고 몇 천리 길이나 되는 천복산을 천신만고 끝에 도착했지만 그날 밤 그 비석이 벼락을 맞아 부서지면서 천금을 얻을 수 있는 기회를 놓치고 말았다고 한다. 그러므로 운이 좋을 때에는 선덕을 쌓고 운이 나쁠 때에는 신중하게 행동하는 것이 좋은 처세법이 될 수 있다.

3-5: 열자(列子)가 말하기를, "어리석고 귀먹고 고질이 있고 벙어리라도 집은 부자일 수 있으며, 지혜롭고 총명하지만 도리어 가난할 수 있다. 운수는 해·달·날·시(年月日時)가 모두 처음부터 정하여져 있으니, 따지고 보면 빈부는 천명에 있는 것이지 사람의 의지에 달려 있는 것은 아니다."

列子曰(열자왈), 痴聾痼啞家豪富(치롱고아가호부), 智慧聰明却受貧(지혜총명각수빈). 年月日時該載定(연월일시해재정), 算來由命不由人(산래유명불유인).

(字義) 1. 列子는 이름은 어구(禦寇)이고, 전국시대의 노나라 사람이다. 도가사상가이며, 충허진인(沖虛眞人), 지덕충허진인(至德沖虛眞人) 등의 칭호가 있다. 2. 痴는 '어리석을 치'의 뜻이다. 3. 痼는 '고질병 고'의 뜻이다. 4. 啞는 '귀머거리 아'의 뜻이다. 5. 却은 지금은 주로

'버릴 각'의 술어로 쓰이지만, 여기서는 부사로 사용되어 '도리어, 오히려'의 뜻이다. 6. 受貧은 '가난한 운수를 받고 가난하게 산다'는 뜻이다. 7. 該는 '모두 해', '갖출 해'의 뜻이다. 該載定은 그에 해당하는 운수나 사주팔자가 정해져 있다는 뜻이다. 8. 算은 '수 산', '셈할 산'. 여기서는 운수를 따져본다는 뜻이다. 9. 由는 '말미암을 유'. 由+명사는 '~에서 말미암다'의 뜻이다.

▶ 어리석고 몸이 불구인 사람도 부자가 될 수 있고, 지혜가 있는 총명한 사람은 오히려 가난할 수 있다. 부귀는 사람의 의지에 의해 이룰 수 있는 것이 아니다. 공자는 부귀는 천명에 의해 결정된 것이기 때문에 부귀를 구하기보다는 선한 삶을 살도록 노력해야 한다고 말하였다.

자기수양과 생활철학

4. 효행편(孝行篇): 효도를 하라

4-1: 『시경(詩經)』에 이르기를, "아버지가 나를 낳으시고 어머니가 나를 기르시니, 아! 슬프도다, 부모님이시여, 나를 낳아 기르시느라 애쓰시고 고생하셨다. 그 깊은 은혜를 갚고자 하지만, 그 은혜가 하늘과 같이 넓어서 끝이 없네."

詩曰(시왈), 父兮生我(부혜생아), 母兮鞠我(모혜국아), 哀哀父母(애애부모), 生我劬勞(생아구로), 欲報深恩(욕보심은), 昊天罔極(호천망극).

(字義) 1. 詩는 『詩經』을 말한다. 經은 '常'의 뜻으로 '만고불변의 진리가 될 만한 책'이라는 의미이다. 2. 兮는 감탄형 어조사이다. 父兮는 '아버지여!'의 뜻이다. 3. 生은 타동사로 ①'~에 살다', ②'~을 낳다'의 뜻이다. 4. 昊天罔極이란 부모의 넓고 큰 은혜를 하늘에 비유하여, 그 은혜가 끝이 없음을 말한 것이다. 5. 昊는 '넓을 호', '하늘 호'의 뜻이다. 6. 罔은 '없을 망'의 뜻이다. 罔極은 '끝이 없다'는 뜻이다.

4-2: 공자가 말하기를, "효자가 어버이를 섬김에 있어, 기거하실 때에는 공경을 다하고, 봉양할 때에는 즐거움을 다하며, 병드신 때에는 근심을 다하고, 돌아가셨을 때에는 슬픔을 다하며, 제사를 지낼 때에는 엄숙함을 다해야 한다."

子曰(자왈), 孝子之事親也(효자지사친야), 居則致其敬(거즉치기경), 養則致其樂(양즉치기락), 病則致其憂(병즉치기우), 喪則致其哀(상즉치기애), 祭則致其嚴(제즉치기엄).

(字義) 1. 事는 '섬길 사'의 뜻이다. 2. 也는 주로 평서문의 종결형, 또는 의문형 어조사로 쓰이지만, 여기서는 주부(主部)를 구분하는 기능으로 사용되었다. 3. 居는 '평상시에는'라는 뜻이다. 4. 致는 ①이를 치, ②다할 치, 여기서는 ②의 뜻으로 '~을 다하다', '~을 극진히 하다'의 뜻으로 사용되었다. 5. 其는 효자를 나타내는 소유격 대명사로 사용되었다.

4-3: 부모가 살아 계시면 멀리 떠나지 말 것이며, 떠나더라도 반드시 가는 장소를 알려야 한다.

父母在(부모재), 不遠遊(불원유), 遊必有方(요필유방).

▶ 최근 어느 시골 마을에 있었던 일이다. 이 마을에는 80세가 넘은 부친과 환갑이 지난 아들이 살고 있었다. 하루는 80세가 넘은 부친이 밤늦게 문간에 나와 서성거리고 있었다. 그 집 앞을 지나가던 동네 사람이 노인을 보고 이상하게 여겨 "왜 늦은 시간에 나와 계시느냐"고 물었다. 노인은 "우리 아이가 밖에 나가 아직 안 돌아왔어"라고 대답했다고 한다. 부모는 자식의 나이에 관계없이 외출하면 혹 무슨 일이 생기지는 않았는지 노심초사한다. 부모가 타지에 나간 자식을 기다리는 심정을 의려지망(依閭之望)이라 한다.

즉, '문간에 기대어 기다린다'는 뜻이다.

4-4: 아버지가 부르시면 즉시 "예"하고 대답하고 머뭇거리지 않으며, 음식이 입에 있으면 이를 곧 뱉어야 한다.

父命召(부명소), 唯而不諾(유이불락), 食在口則吐之(식재구즉토지).

(字義) 1. 召는 '부를 소'의 뜻이다. 命召는 '오라고 명하시다'의 뜻이다. 2. 唯는 ①오직 유, ②대답할 유, 위에서는 '예'나 '네' 쯤에 해당하는 말소리이다. 3. 諾은 ①허락할 낙, ②대답할 낙, 역시 唯와 마찬가지로 대답하는 소리를 나타낸다. 여기서는 '예'라고 대답만하고 바로 응하지 않는 것을 뜻한다. 4. 吐는 '토할 토'의 뜻이다. 5. 則 앞의 문구는 '~하면'의 뜻이다.

4-5: 태공(太公)이 말하기를, "내가 어버이에게 효도하면 내 자식 또한 나에게 효도하기 마련이다. 자신이 어버이에게 효도를 하지 않았는데 자식이 어찌 나에게 효도하겠는가?"

太公曰(태공왈), 孝於親(효어친), 子亦孝之(자역효지), 身旣不孝(신기불효), 子何孝焉(자하효언).

(字義) 1. 親은 '부모'란 뜻이다. 2. 何는 ①무엇 하, ②어찌 하 3. 焉은 종결형 어조사로 사용된다.

4-6: 효도하고 순종하는 사람은 또한 효순(孝順)한 자식을 낳으며, 부모에게 거역하는 사람은 또한 거역하는 자식을 낳는다. 이를 믿지 못하겠거든 저 처마 끝에 떨어지는 물방울을 보라. 방울방울 떨어지는 것이 정확하여 어긋남이 없는 것을.

孝順還生孝順子(효순환생효순자), 忤逆還生忤逆子(오역환생오역자). 不信但看簷頭水(불신단간첨두수), 點點滴滴不差移(점점적적불차이).

(字義) 1. 順은 '좇을 순', '순응(順應)·순종(順從)한다'는 뜻이다. 2. 孝順은 한 단어로 사용되어 孝道한다는 뜻이다. 3. 忤은 '거스릴 오'이고, 逆은 '거슬릴 역'의 뜻이다. 4. 還은 부사로 '다시, 도리어, 도로'의 뜻으로 자주 쓰인다. 5. 簷은 '처마 첨'의 뜻이다. 頭는 여기서는 별다른 의미 없이 명사 뒤에 붙어서 그 명사를 구체화하기 위한 접미사이다. 簷頭水는 지붕에서 처마에 떨어지는 낙숫물을 뜻한다. 6. 滴은 물방울을 뜻한다. 點點滴滴은 방울방물 떨어지고 또 떨어짐을 뜻한다. 7. 不差異는 '위치가 틀리지 않다'는 뜻이다.

▶ 내가 불효하면서 효도하는 자식을 바라면 이는 자연의 이치를 어기는 행위이다. 내가 부모에게 효도하면 자식도 효도하고 부모의 뜻을 거스르면 자식도 거스른다. 이는 처마에 떨어지는 물방울에서도 알 수 있다. 물방울마다 꼭 같은 자리에 떨어져 조금도 어긋나는 일이 없는 것과 같다.

효(孝)는 원래 본받음(效)을 의미한다. 효는 어버이의 내리사랑을 본받아 부모에게 보답하는 치사랑이다. 물이 아래로 흐르듯 자식 사랑 또한 마찬가지이다. 대부분의 동물도 자식을 사랑한다.

하지만 자식이 부모를 사랑하는 것은 물이 위로 거슬러 올라가는 분수와 같으므로 부모에게 효도하는 일은 어렵다. 부모에게 효도하지 않는 사람이 낯선 사람에게 잘 하기는 어렵다. 유학에서는 자식이 부모에 대한 사랑을 경험한 후에 그 사랑을 모든 사람에게 베풀어야 한다고 한다.

■ 팔반가(八反歌): 여덟 가지 반성하는 노래

어린 아이가 혹시 나를 꾸짖으면 나의 마음이 기쁘게 느끼고, 부모가 나에게 노여워 꾸짖으시면 나의 마음은 도리어 달갑게 여겨지지 않는다. 한쪽에서는 기쁘고 한쪽에서는 달갑지 않으니, 자식을 대하는 마음과 어버이를 대하는 마음이 어찌 이렇게도 다른가? 그대에게 권하노니, 오늘 어버이에게 꾸지람을 듣거든 어린 자식에게 꾸지람을 들을 때와 같이 기쁘게 생각하라.

幼兒或詈我(유아혹리아), 我心覺懽喜(아심각환희), 父母嗔怒我(부모진노아), 我心反不甘(아심반불감), 一喜懽一不甘(일희환일불감), 待兒待父心何懸(대아대부심하현), 勸君今日逢親怒(권군금일봉친노), 也應將親作兒看(야응장친작아간).

(字義) 1. 或은 '어떤 사람'을 가리키기도 하고, 여기서처럼 '혹시', '혹여'의 뜻도 있다. 2. 詈는 '꾸짖을 리'의 뜻이다. 或詈我는 '자식이 부모

된 나를 욕하거나 꾸짖는다'는 뜻이다. 3. 反은 부사로 '도리어'의 뜻이다. 4. 甘은 '달 감', 여기서는 타동사로 '~을 달게 여기다'의 뜻이다. 5. 待는 '대할 대', '접대할 대'의 뜻이다. 6. 何는 '어찌 하', '무엇 하'의 뜻이다. 6. 懸은 ①매달 현, ②현격(懸隔)할 현 7. 君은 2인칭 대명사로 '그대'라는 뜻이다. 8. 逢親怒은 '어른께서 진노하시더라도'의 뜻이다. 9. 應은 부사로 '응당 응'의 뜻이다. 10. 將은 '가질 장', '~을 가지고서'의 뜻이며, 將親은 '어버이'를 의미한다. 11. 作兒看은 '자식 대하듯 하라'는 뜻이다.

어린 자식들이 수 없는 말을 떠들어대도 그대는 항상 듣기를 싫어하지 않고, 어버이는 한번 입만 열어도 곧 잔소리가 많다고 한다. 쓸데없는 잔소리가 아니라 부모는 자식이 걱정이 되어 그런 것이다. 흰머리가 되도록 긴 세월 동안 아는 것이 많기 마련이다. 그대에게 권하노니, 늙은 사람의 말을 공경하게 받들고, 젖내나는 어린 입으로 길고 짧음(옳고 그름)을 다투지 말라.

勸君今日逢親怒(권군금일봉친노), 也應將親作兒看(야응장친작아간), 兒曹出千言(아조출천언), 君聽常不厭(군청상불염), 父母一開口(부모일개구), 便道多閑管(변도다한관), 非閑管親掛牽(비한관친괘견), 皓首白頭多諳練(호수백두다암련), 勸君敬奉老人言(권군경봉노인언), 莫教乳口爭長短(막교유구쟁장단).

(字義) 1. 曹는 '무리 조'의 뜻이다. 다른 말에 붙어서 복수 명사를 만들어 준다. 2. 便은 '문득 변' 3. 道는 '말할 도'의 뜻이다. 4. 多+명사(구)

는 '~이 많다'의 뜻이다. 5. 閑은 '한가할 한', '쓸데없다'는 뜻도 있다. 6. 管은 '주관할 관', '간섭한다'는 뜻도 있다. 7. 閑管은 쓸데없는 간섭을 뜻한다. 8. 掛牽은 '마음이 쓰인다', '마음에 걸린다'는 뜻이다. 9. 教는 사역 동사이다.

일반인은 어린 자식의 오줌과 똥 같은 더러운 것 조차 싫어하는 마음이 없으나, 늙은 어버이의 눈물과 침이 떨어지는 것은 도리어 미워하고 싫어하는 마음이 있다. 여섯 자의 그대 몸이 어디에서 왔는가. 아버지의 정기와 어머니의 피가 그대의 몸이 되었네, 그대에게 권하노니, 늙어가는 부모를 공경하여 받들어라. 젊었을 때 그대를 위하여 힘줄과 뼈가 닳도록 애쓰셨다.

幼兒尿糞穢(유아뇨분예), 君心無厭忌(군심무염기), 老親涕唾零(노친체타영), 反有憎嫌意(반유증혐의), 六尺軀來何處(육척구래하처), 父精母血成汝體(부정모혈성여체), 勸君敬待老來人(권군경대로래인), 壯時爲爾筋骨敝(장시위이근골폐).

(字義) 1. 尿糞은 '오줌과 똥'을 의미한다. 2. 穢는 '더러울 예'의 뜻이다. 3. 厭忌는 '싫어하고 기피한다'는 뜻이다. 4. 涕는 '눈물 체', '울 체'의 뜻이다. 5. 唾는 '침 타'의 뜻이다. 6. 零은 '떨어질 령'의 뜻이다. 7. 反(반)은 부사로 '도리어'의 뜻이다. 8. 處는 '곳 처'의 뜻이며, 何處는 '어디서?', '어느 곳에서?'의 뜻이다. 9.精은 '정기 정', '깨끗할 정'의 뜻이다. 10. 老來人은 '늙어가는 사람'의 뜻이다. 11. 爲爾에서 爲는 '위할 위', 따라서 '너를 위하여'의 뜻이다. 12. 筋은 '힘줄 근', '근육 근'의

뜻이다. 12. 敝는 '헤질 폐'의 뜻이다.

그대가 새벽에 시장에 들어가서 떡과 고기를 사는 것을 보았는데, 부모님을 봉양하기 위한다는 말은 별로 듣지 못하고 자식들 먹이기 위해서라는 말만 많이 들었다. 어버이는 아직 맛도 보지 않았는데 자식이 먼저 배부르니, 자식의 마음은 부모 마음이 좋아하는 것에 비하지 못하리라. 그대에게 권하니, 떡 살 돈을 많이 내서 앞날이 얼마 남지 않는 어버이를 잘 받들어 공양하라, 세월은 길지 않다.

看君晨入市(간군신입시), 買餠又買餻(매병우매고), 少聞供父母(소문공부모), 多說供兒曹(다설공아조), 親未啖兒先飽(친미담아선포), 子心不比親心好(자심불비친심호), 勸君多出買餠錢(권군다출매병전), 供養白頭光陰少(공양백두광음소).

(字義) 1. 晨은 '새벽 신'의 뜻이다. 2. 餠은 '떡 병', 餻은 '흰떡 고'의 뜻이다. 3. 少+명사구(절)은 '~이 적다'는 뜻이다. 4. 供은 '바칠 공'의 뜻이다. 5. 子心은 '자식으로서 효도하는 마음'이며, 親心은 '자식을 사랑하는 마음'을 뜻한다. 6. 比는 '견줄 비', '비할 비'의 뜻이다. 7. 出은 타동사로 '~을 내다'의 뜻이다. 8. 供養은 '음식을 잘 갖춰 대접한다'는 뜻이다. 9. 光陰은 '시간', '세월'을 뜻한다.

시장의 약 파는 가게에는 오직 아이를 살찌게 하는 약만 있고, 어버이의 몸을 건강하게 하는 약은 없는데, 무슨 까닭에 이 두 일이 다른가. 아이

도 병들고 어버이도 병들기는 마찬가지이거늘 어버이의 치료는 아이의 치료에 미치지 못하는가? 자기 다리의 살을 베더라도 그것 역시 어버이의 살이니(어버이가 물려주신 살이니), 그대에게 권하니 조속히 어버이의 목숨을 극진히 보호하라.

市間賣藥肆(시간매약사), 唯有肥兒丸(유유비아환), 未有壯親者(미유장친자), 何故兩般看(하고량반간), 兒亦病親亦病(아역병친역병), 醫兒不比醫親症(의아불비의친증), 割股還是親的肉(할고환시친적육), 勸君亟保雙親命(권군극보쌍친명).

(字義) 1. 賣藥肆는 '약 파는 가게'를 뜻한다. 2. 壯親者는 '어버이의 몸을 튼튼하게 하는 것', '튼튼하게 하는 약'을 뜻한다. 3. 何故는 '어찌하여'의 뜻이다. 4. 般은 '가지 반'의 뜻이다. 5. 症은 '병 증'의 뜻이다. 6. 股는 '(넓적)다리 고'의 뜻이다. 7. 還은 부사로 '도리어'의 뜻이며, 還是~~는 '도리어 ~~이다'의 뜻이다. 8. 的은 주로 구어체에서 '~의'의 뜻이다. 9. 割股還是親的肉: 옛날 효자들 중에는 어버이의 꺼져가는 생명을 되살리기 위해 자신의 넓적다리 살을 베어 먹이게 했다는 일이 많이 있다. 여기서도 그런 예를 들어서 정녕 어버이를 위해 약을 사드릴 돈이 없다면 자신의 다리를 베어서라도 어버이의 몸을 보호해 드릴 수 있지 않겠느냐는 뜻에서 한 말이다. 또한 자신의 다리를 베더라도 이는 또한 어버이가 자신에게 물려준 몸이니 도로 어버이의 살이라는 뜻이다. 10. 亟은 '빠를 극', 주로 부사로 쓰인다. 즉, '빨리'의 뜻이다.

부유하고 귀할 때에 어버이를 봉양하는 것은 쉬운 일이지만 어버이는 항상 (고맙게 여기고) 마음이 편치 않고, 가난하고 천할 때에 아이를 기르기 어렵지만 아이는 배고프고 추운 것을 겪지 않는다. 마음은 한 가지이나 두 가지 길(어버이를 위함과 아이를 위함)이니, 부모 위함이 끝내 아이 위함만 못하다. 그대에게 권하노니, 그대는 어버이 섬기기를 아이를 기르는 것과 같이 하고, 모든 일을 집안이 넉넉하지 못하기 때문이라고 미루지 말라.

富貴養親易(부귀양친이), 親常有未安(친상유미안), 貧賤養兒難(빈천양아난), 兒不受饑寒(아불수기한), 一條心兩條路(일조심량조로), 爲兒終不如爲父(위아종불여위부), 勸君兩親如養兒(권군양친야양아), 凡事莫推家不富(범사막추가불부).

(字義) 1. 이 구절은 '~~易, ~~難'의 대구로 파악해야 한다. 2. 饑는 '주릴 기'의 뜻이다. 3. 條는 '가지 조'의 뜻이다. 一條心은 '한 가닥의 마음'을 뜻하며, 兩條路는 '두 갈래의 길'을 뜻한다. 4. 爲는 '위할 위'의 뜻이다. 5. 終은 부사로 '마침내', '결국', '끝내'의 뜻이다.

어버이를 봉양함에는 (어버이는) 두 분 뿐인데도 항상 형제 간에 서로 다투고, 아이를 기르는 데에는 (아이가) 비록 열 명이 되어도 그대 혼자 감당한다. 아이의 배부르고 따뜻한 것은 어버이가 늘 물으면서도 부모의 배고프고 추운 것은 마음에 두지 않는다. 그대에게 권하니, 어버이를 받들고 섬기기에 모름지기 최선을 다하라. (어버이는) 애당초 입을 것과 먹을 것을 그대에게 빼앗기셨다.

養親只有二人(양친지이인), 常與兄弟爭(사영형제쟁), 養兒雖十人(양아수십인), 君皆獨自任(군개독자임), 兒飽暖親常問(아포난친상문), 父母饑寒不在心(부모기한부재심), 勸君養親須竭力(권군양친수갈력), 當初衣食被君侵(당초의식피군침).

(字義) 1. 任은 '맡을 임'의 뜻이다. 2. 須는 '모름지기 수', '모름지기 ~해야 한다'는 뜻이다. 3. 竭은 '다할 갈'의 뜻이고, '竭力'은 '힘을 다 씀'의 뜻으로 자주 쓰이는 표현이다. 4. 被는 '입을 피'의 뜻이다. 被는 위 문장에서처럼 피동형을 만들어주기도 한다.

어버이는 그대를 지극히 사랑했지만 그대는 그 은혜를 생각하지 않고, 자식이 조금이라도 효도하면 그대는 나서서 그 이름을 자랑하고자 한다. 어버이를 대접함엔 어둡고 자식을 대함에는 밝으니, 누가 어버이의 자식 기르는 마음을 알 것인가? 그대에게 권하니, 아이들의 효도만 믿지 말라. 아이들의 어버이인 그대 또한 (부모의) 자식인 것을 (잊지 말라).

親有十分慈(친유십분자), 君不念其恩(군불념기은), 兒有一分孝(아유일분효), 君就揚其名(군취양기명), 待親暗待子明(대친암대자명), 誰識高堂養子心(수식고당양자심), 勸君漫信兒曹孝(권군만신아조효), 兒曹親子在君身(아조친자재군신).

(字義) 1. 十分은 관용적인 표현으로 100%라는 뜻이다. 2. 揚名은 관용적인 표현으로 '이름을 널리 알린다'는 뜻이다. 3. 待는 ①기다릴

대. ②대할 대, 접대할 대 4. 高堂은 남의 어버이를 높여 이르는 말이다. 5. 漫(만)은 술어 앞에 붙어서 '부질없이 ~하다'의 뜻이다. 6. 兒曺親은 '아이들의 어버이'를 뜻한다.

■ 속효행편(續孝行篇): 효도하자

손순은 집이 가난해 아내와 함께 남의 집에 품팔이를 하면서 그의 어머니를 봉양하였다. 그들에게 아이가 있었는데 언제나 어머니가 잡수시는 것을 뺏어먹었다. 손순이 아내에게 말하기를 "아이가 어머니 잡수시는 것을 뺏어 먹는다. 아이는 다시 얻을 수 있지만 어머니는 다시 구하기가 어렵소."라고 하였다. 이에 아이를 업고 취산(醉山) 북쪽 기슭으로 가서 아이를 묻으려고 땅을 파니 갑자기 매우 기이한 돌종[石鐘]이 나왔다. 놀랍고 이상하게 여기어 시험 삼아 쳐 보니 울리는 소리가 아름답고 사랑스러웠다.

아내가 말하기를, "이렇게 기이한 물건을 얻은 것은 아이의 복이니 아이를 땅에 묻는 것은 옳지 못합니다." 손순도 그렇게 생각하여 아이와 종을 가지고 집으로 돌아와서 대들보에 매달고 두드렸다.

임금이 종소리가 맑고 멀리까지 퍼짐을 이상하게 여기어 그 사실을 자세히 조사하게 하고 그 사실을 알고 말하기를, "옛날에 곽거(郭巨)가 아들을 묻었을 때엔 하늘이 금으로 만든 솥을 주시더니 이제 손순이 아들을 묻으려 할 때 땅에서 석종이 나왔으니 앞뒤가 서로 꼭 맞는구나." 하시고는 그들에게 집 한 채를 주시고 해마다 쌀 50석을 주었다.

孫順家貧(손순가빈), 與其妻傭作人家以養母(여기처용작인가이양모), 有兒每奪母食(유아매탈모식), 順謂妻曰(순위처왈), 兒奪母食(아탈모식), 兒可得(아가득), 母難再求(노난재구), 乃負兒往歸醉山北郊(내부아왕귀취산북교), 欲埋堀地(욕매굴지), 忽有甚奇石鐘(홀유심기석종), 驚怪試撞之(경괴시당지),舂容可愛(용용가애).

妻曰得此奇物(처왈득차기물), 殆兒之福(태아지복), 埋之不可(매지불가), 順以爲然(순이위연), 將兒與鐘還家(장아여종환가), 懸於樑撞之(현어량당지), 王聞鐘聲淸遠異常而覈聞其實(왕문종성청원이상이핵문기실) 曰昔郭巨埋子(왈석곽거매자), 天賜金釜(선사금부). 今孫順埋兒(금손순매아), 地出石鐘(지출석종). 前後符同(전후부동), 賜家一區(사가일구), 歲給米五十石(세급미오십석).

(字義) 1. 손순(孫順)은 신라 홍덕왕 때의 효자이다. 홍덕왕이 집 한 채를 내주자 이전에 살던 집을 홍효사(弘孝寺)라는 이름의 절로 만들고 석종을 안치했다. 진성왕 때에 후백제의 도둑떼가 그 마을에 쳐들어와서, 종은 없어지고 절만 남았다고 한다. 『삼국유사』에 나오는 이야기이다. 2. 傭作은 '품팔이를 함', '머슴살이'를 뜻한다. 3. 每奪은 '매번 빼앗아 먹다'는 뜻이다. 3. 郊는 '들 교', 성곽 밖의 먼 들을 가리키는 말이다. 4. 往歸는 '가서 죽게 하려고'의 뜻이다. 5. 忽(홀)은 부사로 '갑자기', '홀연히'의 뜻이다. 6. 試(시)+술어는 '시험 삼아 ~해보다'의 뜻이다. 7. 甚奇는 '심히 기이한'의 뜻이다. 8. 撞은 '칠 당'의 뜻이다. 9. 舂은 ①찧을 용, ②종소리 용, '용용(舂容)'은 '종소리'를 나타내는 의성어이다. 10. 殆는 ①위태할 태, ②부사로 '거의 태', 여기서는 ②의 뜻으로 사용되었다. 11. 覈은 '핵실(覈實)할 핵', '핵실한다'는 말은 '사건의 실상을 조사한다'는 뜻이다. 12. 昔(석)은 부사로 '옛날에, 옛적

에'의 뜻이다. 13. 郭巨는 중국 후한시대의 사람으로 24효자 중에 한 사람이다. 어머니 봉양을 위해 자식을 묻으려 하자 하늘이 그에게 금솥을 내려주었다고 한다. 14. 賜는 '줄 사'의 뜻이다. 15. 出은 '~을 내다'의 뜻이다. 16. 符는 ①병부(兵符) 부, ②부적 부, ③부합할 부, 들어맞을 부. 17. 歲給은 '매년 주다'의 뜻이다.

상덕(向德)은 흉년과 전염병이 유행할 때 부모가 굶주리고 병들어 거의 죽게 될 지경에 이르렀다. 상덕이 밤낮으로 옷도 벗지 않고 정성을 다하여 편안하게 해 드리고 위로하였으나 봉양할 것이 없으면 넓적다리 살을 베어 잡수시게 하였으며, 어머니가 종기가 났을 때는 입으로 빨아서 곧 낫게 하였다. 임금께서 (이 소식을 듣고) 가상하게 여겨 매우 후하게 상을 내리시고, 그 집 문 앞에 정문(旌門)을 세우도록 명하고 비석을 세워 이 일을 기록하게 하였다.

向德(상덕), 値年荒癘疫(치년황려역), 父母飢病濱死(부모기병빈사), 尙德日夜不解衣(상덕일야불해의), 盡誠安慰(진성안위), 無以爲養(무이위양), 則封髀肉食之(즉규비육식지), 母發癰(모발옹), 吮之卽癒(연지즉유), 王嘉之(왕가지), 賜賚甚厚(사뢰심후), 命旌其門(명정기문), 立石紀事(입석기사).

(字義) 1. 向德은 신라시대의 효자이며, 이 이야기는 『삼국사기』 열전에 실려 있다. 向은 '향할 향', 여기서는 성씨(姓氏)로 '상'이라고 읽는다. 2. 値는 '만날(遇) 치', '당할(當) 치' 3. 癘는 '염병 려', 疫은 '염병 역' 4. 濱은 ①물가 빈, ②거의 빈, 가까울 빈 5. 刲는 '벨 규'의 뜻이다.

6. 髀는 '넓적다리 폐' 7. 癰은 '종기 옹' 8. 吮은 '빨 연' 9. 瘉는 '병나을 유' 10. 賜賚는 '임금이 은사를 내려줌'을 의미한다. 11. 旌은 '표(表)할 정', 旌門(정문)은 효자, 열녀 등을 표창하기 위해 세운 문(門)을 말한다.

도(都)씨는 집은 가난했으나 효성이 지극하였다. 숯을 팔아 고기를 사서 어머니의 반찬을 빠뜨리는 일이 없었다. 하루는 시장에서 늦게 바쁘게 돌아오는데 갑자기 솔개가 고기를 채어갔다. 도씨가 슬피 울며 귀가하였는데, 집에 도착하니 솔개가 그 고기를 집안 뜰에 떨어뜨려 놓고 갔다.

하루는 어머니가 병이 나서 때 아닌 홍시를 찾았는데, 도씨가 감나무 숲을 헤매다 날이 저문 것도 모르고 있을 때 한 마리 호랑이가 나타나서 앞길을 여러 번 가로막으며 타라는 시늉을 하였다. 도씨가 호랑이를 타고 백 여리나 떨어진 산마을에 도착해 사람의 집을 찾아 하룻밤을 묵게 되었다.

얼마 후 주인이 제삿밥을 차려 주는데 홍시가 있었다. 도씨가 기뻐하면서 홍시의 내력을 묻고 또 자신의 뜻을 말하였더니, 주인이 대답하여 말하기를, "돌아가신 아버지께서 감을 즐겨 드셨으므로 해마다 가을이 되면 감 200개를 가려서 굴 안에 저장해 두지만 5월까지 상하지 않는 것이 7, 8개에 불과하였습니다. 그런데 올해는 50개나 온전한 것을 얻어서 이상하게 여겼는데, 이것은 곧 하늘이 그대의 효성에 감동한 것입니다."하고 스무 개의 감을 내주었다.

도씨가 감사의 뜻을 전하고 문밖으로 나오니 호랑이는 아직도 엎드려 기다리고 있었다. 호랑이를 타고 집에 돌아오니 새벽닭이 울었다. 나중에 어머니가 천명(天命)이 다 되어 돌아가시자 도씨는 피눈물을 흘렸다.

都氏家貧至孝(도씨가빈지효), 賣炭買肉(매탄매육), 無闕母饌(무궐모찬), 一日於市(일일어시), 晚而忙歸(만이망귀), 鳶忽攫肉(연홀확육), 都悲號至家(도비호지가), 鳶旣投肉於庭(연기투육어정). 一日母病索非時之紅柹(일일모병색비시지홍시), 都(도) 彷徨柹林(방황시림), 不覺日昏(불각일혼). 有虎屢遮前路(유호루차전로), 以示乘意(이시승의), 都(도), 乘至百餘里山村(승지백여리산촌), 訪人家投宿(방인가투숙), 俄而主人(아이주인), 饋祭飯而有紅柹(궤제반이유홍시), 都(도), 喜問柹之來歷(희문시지래력), 且述己意(차술기의). 答曰亡父嗜柹故(답왈망부기시고), 每秋擇柹二百個(매추택시이백개), 藏諸窟中而至此五月則完者不過七八(장저굴중이지차오월즉완자불과칠팔), 今得五十個完者故(금득오십개완자고), 心異之(심이지), 是天感君孝(시천감군효), 遺以二十顆(유이이십과), 都謝出門外(도사출문외), 虎尙俟伏(호상사복), 乘至家(승지가), 曉鷄喔喔(효계악악), 後(후), 母以天命終(모이천명종), 都有血淚(도유혈루).

(字義) 1. 이 이야기는 조선 철종 때 효자 도씨의 이야기이다. 2. 至는 ①이를 지, '~에 이르다'의 의미이다. ②'지극할 지'의 뜻이다. 3. 無闕은 '빠뜨리는 것이 없음'의 뜻이다. 4. 饌은 '밥 찬'의 뜻이다. 5. 晩은 '늦을 만'의 뜻이며, 때가 늦은 저녁을 가리키기도 한다. 6. 忙은 '바쁠 망'의 뜻이다. 7. 攫은 '움켜쥘 확'의 뜻이다. 8. 有虎에서 有는 불특정한 대상을 소개할 때 붙여주는 관용어이다. 9. 屢는 '여러 루' 10. 遮는 '막을 차' 11. 俄는 '갑자기 아' 12. 饋는 '공궤(供饋)할 궤', '진지올릴 궤' 供饋는 '윗사람에게 진지를 올린다'는 뜻이다. 13. 亡父(망부)는 '돌아가신 아버지'를 뜻하는 단어이다. 14. 嗜는 '즐길 기'의 뜻이다. 15. 擇은 '가릴 택' 16. 諸(저)는 술어 뒤에 붙어서 목적어를 품고 있는 어감

을 주는 어조사이다. 17. 異는 술어로 '~을 이상하게 여기다'의 뜻이다. 18. 顆는 '덩이 과' 19. 俟는 '기다릴 사' 20. 曉는 '새벽 효'

5. 정기편(正己篇): 자기를 바로잡아라

5-1: 『성리서(性理書)』에 이르기를, "타인의 착한 행위를 보고서 스스로 착한 사람이 되고자 노력하고, 타인의 악한 것을 보고서 스스로 악한 행위를 했는지 반성해 보아야 할 것이니, 이와 같이 하게 되면 바야흐로 유익함이 있을 것이다."

性理書云(성리서운), 見人之善而尋己之善(견인지선이심기지선). 見人之惡而尋己之惡(견인지악이심기지악), 如此方是有益(여차방시유익).

(字義) 1. 성리서(性理書)는 인간의 심성과 우주의 원리를 연구하는 학문인 성리학에 관한 송나라 때의 책이다. 2. 而는 '말이을 이', 而는 두 문구를 이어주는 역할을 한다. 3. 方은 '바야흐로 방'

5-2: 『경행록(景行錄)』에 이르기를, "대장부는 마땅히 타인을 용서할지언정 남의 용서를 받는 사람이 되어서는 안 된다."

景行錄云(경행록운), 大丈夫(대장부), 當容人(당용인), 無爲人所容(무위인소용).

(字義) 1. 當은 부사로 '마땅히~하다'의 뜻이다. 2. 容은 '품을 용', '용납할 용'의 뜻이다. 3. 無는 毋와 마찬가지로 금지사로도 자주 쓰인다.(=莫, 勿) 4. 爲人所容은 '남에게 용서를 받는다'는 뜻이다.

5-3: 태공(太公)이 말하기를, "자신의 몸만 귀하게 생각하고 타인을 천하게 여기지 말고, 자신이 크다고 해서 남의 작음을 업신여기지 말며, 자신의 용맹만을 믿고서 적을 가볍게 여기지 말라."

太公曰(태공왈), 勿以貴己而賤人(물이귀기이천인), 勿以自大而蔑小(물이자대이멸소), 勿以恃勇而輕敵(물이시용이경적).

(字義) 1. 貴己는 '나를 귀하게 여긴다'는 뜻이다. 2. 自大는 '내가 크다고 혹은 자신을 존대하다고 여기는 것'을 말한다. 3. 蔑小은 '남을 멸시한다'는 뜻이다. 4. 恃勇은 '나의 용맹을 믿는다'는 뜻이다. 5. 輕敵은 '적을 가볍게 여긴다'는 뜻이다.

5-4: 마원(馬援)이 말하기를, "타인의 허물(과실)을 듣거든 마치 어버이의 이름을 듣는 것과 같이 하고, 귀로 들을지언정 입으로는 말하지 말라."

馬援曰(마원왈), 聞人之過失(문인지과실), 如聞父母之名(여문부모지

명), 耳可得聞(이가득문), 口不可言(구불가언).

(字義) 1. 馬援(B.C.11~A.D.49)은 후한(後漢)의 장군이며, 字는 문연(文淵). 광무제(光武帝)에 의해 복파장군(伏波將軍)으로 임명되어 베트남과 흉노(匈奴)를 토벌하는 등 많은 무공을 세웠고, 그 공으로 신식후(新息侯)에 봉해졌다.

5-5: 소강절(邵康節) 선생이 말하기를, "타인이 자신을 비방하더라도 일찍 성내지 말며, 타인이 나를 칭찬하더라도 일찍 기뻐하지 말라. 타인에게 악한 말을 듣더라도 이에 부화뇌동하지 말며, 타인에게 착한 말을 듣거든 곧 나아가 친하게 지내고 또 따라하면서 기뻐하라." 그의 시(詩)에 이르기를, "착한 사람 보기를 즐거워하라, 착한 일을 듣기를 즐거워하라, 착한 말 이르기를 즐거워하라, 착한 뜻 행하기를 즐거워하라. 타인의 악한 것을 듣거든 가시를 등에 진 것 같이 하고, 타인의 착한 것을 듣거든 난초를 몸에 지닌 것 같이 하라."

康節邵先生日(강절소선생왈), 聞人之謗未嘗怒(문인지방미상로), 聞人之譽未嘗喜(문인지예미상희), 聞人之惡未嘗和(문인지악미상화), 故聞人之善則就而和之(고문인지선즉취이화지), 又從而喜之(우종이희지), 其詩(기시), 樂見善人(낙견선인), 樂聞善事(낙문선사), 樂道善言(낙도선언), 樂行善意(낙행선의), 聞人之惡(문인지악), 如負芒刺(여부망자), 聞人之善(문인지선), 如佩蘭蕙(여패란혜).

(字義) 1. 人은 '사람 인', 또는 문맥에 따라 '남, 다른 사람'으로도 해석

한다. 人之過는 '남의 과실이나 허물'을 뜻한다. 2. 謗은 '헐뜯을 방'의 뜻이다. 3. 嘗은 '일찍이 상'의 뜻이다. 4. 譽는 '기릴 예'의 뜻이다. 5. 言은 명사로는 '말씀'이란 뜻이고, 술어로는 뒤에 절(節)을 받아서 '~을 말하다'의 뜻이다. 6. 則은 '~하면…'의 뜻이다. 7. 道는 술어로는 '~을 말하다'의 뜻이다. 8. 負는 '(등에)질 부'의 뜻이다. 9. 芒은 '가시랭이 망'의 뜻이다. 10. 刺는 '가시 자'의 뜻이다. 11. 佩는 '(허리에)찰 패'의 뜻이다. 12. 蕙는 '혜초 혜', 향초로 사용된다.

5-6: 나의 착한 점을 말하여 주는 사람은 곧 내게 해로운 사람이요, 나의 나쁜 점을 말해 주는 사람은 곧 나의 스승이다.

道吾善者是吾賊(도오선자시오적), 道吾惡者是吾師(도오악자시오사).

▶ 내게 잘한다고 치켜세우는 말은 귀에 듣기는 좋다. 하지만 그 말은 나를 해롭게 한다. 또 나의 잘못을 비판하는 말은 듣기 싫지만 실제 나를 이롭게 한다. 동서고금의 역사를 보면, 주위 사람들의 아첨과 찬양하는 말에만 귀를 기울이고 바른 말을 듣기 싫어하다가 큰 과오를 저질러 국가와 사회를 혼란에 빠뜨린 사례가 적지 않다. 사람은 자신의 주변에서 아부하고 자신을 치켜세우는 사람을 경계하고 냉철하게 살펴야하며, 자신을 비판하는 말을 수용해서 자신을 되돌아 볼 수 있어야 한다.

5-7: 태공(太公)이 말하기를, "근면함은 값으로 따질 수 없는 귀중한 보

배이며, 신중함은 몸을 보호해 주는 부적과 같다."

太公曰(태공왈), 勤爲無價之寶(근위무가지보), 愼是護身之符(신시호신지부).

(字義) 1. 勤은 '부지런할 근'의 뜻이다. 2. 無價之寶는 '값을 헤아릴 수 없는 만큼 귀중한 보배'를 말한다. 3. 爲는 '~이 되다'의 뜻이다. 4. 是는 '~이다'의 뜻이다. 5. 符는 '부적 부'의 뜻이다.

5-8: 『경행록』에 이르기를, "삶을 올바르게 보전하려는 자는 욕심을 적게 하고, 몸을 온전히 보전하려는 자는 이름이 알려지기를 피할 것이니, 욕심을 줄이기는 쉬우나 명예를 바라지 않기는 어렵다."

景行錄曰(경행록왈), 保生者寡慾(보생자과욕), 保身者避名(보신자피명), 無慾易(무욕이), 無名難(무명난).

(字義) 1. 者는 그 앞 구절과 연결해 명사구로 사용된다. 2. 寡慾은 '욕심을 적게 함'을 뜻한다. 3. '~~易, ~~難'의 대구로 '~~하는 것은 쉽고, ~~하는 것은 어렵다'의 뜻이다.

5-9: 공자가 말하기를, "군자는 세 가지 경계할 것이 있다. 어릴 적에는 혈기(血氣)가 아직 정해지지 않았기 때문에 여색(女色)을 경계해야 하고, 그 몸이 장성하면 혈기 또한 강성해지므로 싸움을 경계해야 하고,

몸이 늙음에 이르면 혈기가 이미 쇠약해졌으므로 욕심을 내어 얻으려고 하는 것을 경계해야 한다."

子曰(자왈), 君子有三戒(군자유삼계), 少之時(소지시), 血氣未定(혈기미정), 戒之在色(계지재색). 及其壯也(급기노야), 血氣方剛(혈기방강), 戒之在鬪(계지재투), 及己老也(급기노야), 血氣旣衰(혈기기쇠), 戒之在得(계지재득).

(字義) 1. 군자는 학식과 덕행을 겸비한 지성인을 말한다. 2. 戒는 경계 계. '三戒'할 때 戒는 명사이고, '戒之在色'할 때 戒는 술어이다. 3. 及은 '~함에 이르러'의 뜻이다. 4. 方剛은 '마냥 세차고 강하다'는 뜻이다. 5. 得은 '재물이나 명예를 얻으려는 욕심'을 말한다.

5-10: 손진인(孫眞人)의 양생명(養生銘)에 이르기를, "노여움이 심하면 기운이 한쪽으로 치우쳐 상하게 되고, 생각이 많으면 크게 정신을 손상시킨다. 정신이 피로하면 마음이 쉽게 피곤하고, 기운이 약하면 그에 따라 병이 생겨난다. 지나치게 슬퍼하거나 기뻐하지 말 것이며, 음식은 마땅히 고르게 섭취하고, 밤에 술 취하는 것을 두세 번 삼가해야 하며, 새벽녘에 성내는 것을 첫째로 경계하라."

孫眞人養生銘云(손진인양생명운), 怒甚偏傷氣(노심편상기), 思多太損神(사다태손신), 神疲心易役(신피심이역), 氣弱病相因(기약병상인), 勿使悲歡極(물사비환극), 當令飮食均(당령음식균), 再三防夜醉(재심방야취), 第一戒晨嗔(제일계신진).

(字義) 1. 眞人은 道를 터득한 사람을 도가(道家)에서 일컫는 존칭이다. 2. 養生銘은 '양생을 위한 계명'을 말한다. 3. 怒甚은 '화를 심하게 냄'을 뜻한다. 3. 偏傷氣은 '기가 한쪽으로 치우쳐 상함'을 뜻이다. 偏은 '치우칠 편'의 의미이며, '오로지 ~만 ~한다'는 의미로 사용되었다. 4. 思多는 '잡된 생각이 많다'는 뜻이다. 5. 太는 부사로 자주 쓰인다. 6. '心役'은 '마음이 고달프다'라는 뜻이다. 7. 易+술어는 '~하기 쉽다', '쉽게 ~하다'의 뜻이다. 8. 病相因은 '그로 인하여 병이 나다'의 뜻이다. 9. 使+A+술어는 'A로 하여금 ~하게 하다'의 뜻이다. 10. 令+A+술어는 'A로 하여금 ~하게 하다'의 뜻이다. 11. 晨은 '새벽 신'의 뜻이다.

5-11: 『경행록』에 이르기를, "먹는 것이 담백하면 마음이 상쾌하고, 마음이 맑으면 잠을 편히 잘 수 있다."

景行錄云(경행록운), 食淡精神爽(식담정신상), 心淸夢寐安(심청몽매안).

(字義) 1. 淡은 '맑을 담'으로 '담백(淡泊)하다', '담담(淡淡)하다', '묽다', '싱겁다'의 뜻이다. 2. 淸은 '깨끗할 청', '맑을 청'의 뜻이다. 3. 寐은 '잠잘 매'의 뜻이다.

5-12: 편한 마음으로 모든 일을 대한다면 비록 글을 읽지 않았더라도 덕이 있는 군자라 할 수 있다.

定心應物(정심응물), 雖不讀書(수불독서), 可以爲有德君子(가이위유덕군자).

(字義) 1. 定心은 '마음을 바로잡다'는 뜻이다. 2. 應은 '응할 응'의 뜻이다. 3. 可는 '~하는 것이 옳다', '~하는 것이 가(可)하다'의 뜻이다. 4. 可以爲는 한 단어로 '~할 수 있다'는 뜻이다.

▶ 일을 성사시키기 위해서는 우선 마음이 안정되어야 한다. 마음이 불안하면 감정의 지배를 받아 사물을 그릇되게 파악해 오판을 할 수 있다. 책을 많이 읽은 사람도 마음이 불안하면 일을 그르칠 수 있고, 지식이 부족한 사람도 마음의 안정을 얻으면 일을 옳게 처리할 수 있다. 일을 옳게 처리할 수 있는 사람은 덕을 갖춘 군자라고 말할 수 있다.

5-13: 『근사록(近思錄)』에 이르기를, 분함을 참는 것을 마치 불을 끄듯이 하고, 욕심 막기를 마치 큰 물을 막는 것 같이 하라.

近思錄云(근사록운), 懲忿如救火(징분여구화), 窒慾如防水(질욕여방수).

(字義) 1. 近思錄은 송대의 성리학자 주자와 그의 친구 여조겸이 함께 편찬한 수양서이다. 2. 懲分은 '분심을 눌러 참는다'는 뜻이다. 3. 救火는 '불을 끈다'는 의미로 자주 쓰이는 관용적인 표현이다. 4. 窒慾은 '욕심을 막다'는 뜻이다. 5. 防水는 '~홍수를 막다'는 뜻이다.

5-14: 『이견지(夷堅志)』에 말하기를, "여색(女色) 피하기를 원수 피하듯이 하고, 바람 피하기를 날아오는 화살 피하듯이 하며, 빈 속에 차를 마시지 말고, 한밤중에는 밥을 적게 먹어라."

夷堅志云(이견지운), 避色如避讐(피색여피수), 避風如避箭(피풍여피전), 莫喫空心茶(막끽공심다), 少食中夜飯(소식중야반).

(字義) 1. 『夷堅志』는 송나라의 홍매(洪邁)가 엮은 설화집이다. 2. 夷는 '오랑캐 이'의 뜻이다. 3. 莫은 '~하지 마라'는 뜻이다. 4. 喫 '먹을 끽' 5. 飯 '밥 반'의 의미이다.

5-15: 순자(荀子)가 말하기를, "쓸데없는 말(변론, 논쟁)과 급하지 아니한 일은 내버려두고 다스리지 말라."

荀子曰(순자왈), 無用之辯(무용지변), 不急之察(불급지찰), 棄而勿治(기이물치).

(字義) 1. 荀子는 전국 시대의 사상가이다. 성악설을 주장하였다. 2. 辯은 '말잘할 변', '논쟁할 변'의 뜻이다. 3.急은 '급할 급'의 뜻이다. 4. 棄는 '버릴 기'의 뜻이다. 5. 治는 '다스릴 치', 의미가 파생되어 '~을 다루다', '조작하다'의 의미도 있다.

5-16: 공자가 말하기를, "모든 사람이 좋아하더라도 반드시 살펴야 하며, 모든 사람이 미워하더라도 반드시 살펴야 한다."

子曰(자왈), 衆好之(중호지), 必察焉(필찰언). 衆惡之(중오지), 必察焉(필찰언).

(字義) 1. 衆은 '무리 중'의 뜻이다. 2. 衆好之는 '여러 사람이 좋아함'을 뜻한다. 3. 惡之는 '미워함', '싫어함'의 뜻이다.

5-17: 술이 취한 상태에서도 말이 없음은 참다운 군자요, 재물에 대하여 분명함은 대장부이다.

酒中不語(주중불어), 眞君子(진군자), 財上分明(재상분명), 大丈夫(대장부).

(字義) 1. 眞은 '참 진'의 의미를 지니고 있다. 2. 財 '재물 재'의 뜻이다.

5-18: 모든 일을 너그럽게 처리한다면 그 복이 저절로 두터워진다.

萬事從寬(만사종관), 其福自厚(기복자후).

(字義) 1. 從은 '좇을 종'의 뜻이다. 2. 寬은 '너그러울 관' 3. 厚는 '두터울 후'의 뜻이다.

▶ 복은 착하고 너그러운 사람에게 찾아온다. 악하고 옹졸한 사람은 복을 얻기가 어렵다. 모든 사람에게 착하고 관대하게 처리하는 것이 복을 얻는 방법이다.

5-19: **태공(太公)이 말하기를, "남을 알려고 하거든 모름지기 먼저 자신부터 헤아려 보라. 남을 해치는 말은 도리어 자기 자신을 해치는 것이니, 피를 머금고 남에게 뿜으면 먼저 자신의 입이 더러워진다." 모든 유희(遊戲)는 전혀 이로움이 없고, 오직 부지런한 것만이 성공을 이룰 수 있다.**

太公曰(태공왈), 欲量他人(욕량타인), 先須自量(선수자량), 傷人之語(상인지어), 還是自傷(환시자상), 含血噴人(함혈분인), 先汚其口(선오기구), 凡戲無益(범희무익), 惟勤有功(유근유공).

(字義) 1. 量은 '헤아릴 양' 2. 須는 '모름지기 수' 3. 傷은 '상할 상' 4. 還은 부사로 '다시, 도리어, 도로'의 뜻으로 사용된다. 5. 是는 '~이다'의 뜻이다. 6. 還是~~는 '도리어 ~이다'의 뜻이다. 7. 含은 '품을 함' 8. 噴은 '뿜을 분' 9. 汚는 '더러울 오', 여기서는 '~을 더럽히다'의 뜻이다.

▶ 다른 사람의 좋고 나쁨을 평가하려면 먼저 그 사람의 입장에서 생각해 보아야 한다. 남을 헐뜯고 해치는 말은 도리어 스스로를 해치는 일이다. 내가 남을 헐뜯으면 남도 나를 헐뜯는다.

5-20: 무릇 놀음은 이익될 것이 없고, 오직 부지런한 것만이 공이 있다.

凡戱無益(범희무익), 惟勤有功(유근유력).

(字義) 1. 凡은 '무릇 범' 2. 戱은 '희롱 희' 3. 惟은 '오직 유'

▶ 놀이로 귀중한 시간을 낭비해서는 안 된다고 말한다. 놀이도 때로는 필요하지만 너무 지나치면 시간을 낭비할 수 있다. 시간을 낭비하지 말고 부지런히 노력해야 성공할 수 있다.

5-21: 태공(太公)이 말하기를, "남의 오이 밭에서는 신을 고쳐 신지 말고, 남의 오얏(자두)나무 아래에선 갓을 고쳐 쓰지 말라."

太公曰(태공왈), 瓜田不納履(과전불납리), 李下不整冠(이하부정관).

(字義) 1. 履는 '신 리', 술어로는 '밟다'라는 뜻이다. 2. 整은 '정돈할 정' 3. 不은 勿처럼 금지사로 쓰인다.

▶ 이 구절은 남에게 오해 받을 일은 하지 말라는 뜻이다.

5-22: 『경행록』에 이르기를, "마음은 편히 할 수 있지만 몸은 일을 하지 않을 수 없고, 도(道)는 즐길 수 있지만, 마음은 근심하지 않을 수 없다. 몸은 일을 하지 않으면 게을러서 허물어지기 쉽고, 마음이 근심하지 않

으면 황폐하고 음란해져 안정되지 않는다. 그러므로 편안함은 일을 하는 데에서 얻어야 항상 기쁠 수 있고, 즐거움은 근심하는 데서 얻어야 싫증이 나지 않으니, 편안하고 즐거운 자가 근심과 수고로움을 어찌 잊을 수 있겠는가?"

景行錄曰(경행록왈), 心可逸(심가일), 形不可不勞(형불가불로), 道可樂(도가락), 心不可不憂(심불가불우), 形不勞則怠惰易弊(형불로즉태타이폐), 心不憂則荒淫不定(심불우즉황음부정), 故逸生於勞而常休(고일생어로이상휴), 樂生於憂而無厭(낙생어우이무염), 逸樂者憂勞豈可忘乎(일락자우로기가망호).

(字義) 1. 逸은 '편안할 일' 2. 不可不은 '~하지 않을 수 없다'의 뜻이다. 3. 則은 앞 문장을 가정으로 해석한다. 4. 怠는 '게으를 태' 5. 惰는 '게으를 타' 6. 弊는 '폐단 폐', 여기서는 술어로 쓰였다. 7. 生於~는 '~에서 생기다'의 뜻이다. 8. 乎는 의문형 어조사로 쓰인다.

▶ 이 구절은 마음과 몸을 보존하는 방법을 알려주고 있다. 마음을 편히 하고 몸은 수고롭게 해야 한다. 몸을 수고롭게 하지 않으면 게을러진다. 반대로 몸을 편히 하고 마음을 수고롭게 하면, 일을 조금도 이루지 못하면서 헛된 망상을 지니게 된다. 마음은 즐기면서 정도(正道)에서 벗어나지 않도록 노력해야 한다.

5-23: 귀로는 남의 그릇됨을 듣지 말고, 눈으로는 남의 단점을 보지 않으며, 입으로는 남의 허물을 말하지 않아야 군자라고 할 수 있다.

耳不聞人之非(이불문인지비), 目不視人之短(목불시인지단), 口不言人之過(구불언인지과), 庶幾君子(서기군자).

(字義) 1. 非는 '그를 비', '아닐 비' 2. 視는 '볼 시' 3. 過는 '허물 과', '지날 과' 4. 庶는 '거의 서' 5. 幾는 '거의 기' 6. '庶幾~' 는 관용구로 '~에 거의 가깝다', '거의 ~이다'의 의미로 쓰인다.

▶ 남의 잘못을 듣지 않고, 남의 결점을 보지 않으며, 남의 허물을 말하지 않아야 한다. 이런 사람은 군자에 가깝다.

5-24: 채백개(蔡伯喈)가 말하기를, "기뻐하고 노여워하는 것은 마음에 있고, 말은 입에서 나오는 것이니 신중하지 않을 수 없다."

蔡伯喈曰(채백개왈), 喜怒在心(희로재심), 言出於口(언출어구), 不可不愼(불가불신).

(字義) 1. 喈는 '새소리 개' 2. 喜는 '기쁠 희' 3. 怒는 '성낼 노' 4. 愼은 '삼갈 신' 5. 出於~는 '~에서 나오다'는 뜻이다. 6. 不可는 '~하는 것은 불가(不可)하다', '~해서는 안 된다'의 뜻이다. 7. 不可不+술어는 '~하지 않을 수 없다', '~하지 않으면 안 된다'는 뜻이다.

▶ 기쁨, 슬픔, 즐거움, 노여움 등의 감정은 자신의 마음에서 일어난다. 자신의 감정을 함부로 말하지 말아야 한다. 말은 일단 입 밖으로 나오면 엎지른 물과 같아서 다시 주워 담을 수 없다. 예로부터

입은 재앙을 불러들이는 문이라고 한다. "능변은 은이요, 침묵은 금이다."이라는 격언도 있다.

5-25: 재여(宰予)가 낮잠을 자고 있자 공자가 말하기를, "썩은 나무는 조각을 만들 수 없고, 썩은 흙으로 만든 담은 수리하지 못할 것이다."

宰予晝寢(재여주침), 子曰(자왈), 朽木不可雕也(후목불가조야). 糞土之墻(분토지장), 不可圬也(불가오야).

(字義) 1. 재여(宰予)는 공문십철(孔門十哲)의 한 사람으로 언변에 능했다고 한다. 2. 宰는 '재상 재' 3. 寢은 '잘 침' 4. 朽는 '썩을 후' 5. 雕는 彫와 통하는 글자로 '새길 조'의 뜻이다. 6. 糞은 '똥 분' 7. 糞土는 한 단어로 '썩은 흙'을 뜻한다. 8. 墻은 '담 장' 9. 圬는 '흙손질할 오'

▶ 공자의 제자 재여는 천성이 게을렀다고 한다. 다른 제자들은 열심히 공부하는데 재여는 낮잠만 자고 있자, 공자가 그를 야단치면서 하신 말씀이다. 공자는 썩은 나무에는 조각을 새길 수 없고, 썩은 흙으로는 담을 흙손질할 수 없듯이, 사람의 바탕이 되어 있지 않으면 학문을 하더라도 필요한 인재가 되지 못한다고 하였다. 재여는 공자의 꾸중을 들은 후에 열심히 학문에 힘쓰고 도를 닦아 공자의 10대 제자 중에 한 사람이 되었다.

5-26: 자허원군(紫虛元君)의 〈성유심문(誠諭心文)〉에서 이르기를,

"복(福)은 청렴하고 검소한 데서 생기고, 덕(德)은 겸손하고 사양하는 데서 생기며, 도(道)는 편안하고 고요한 데서 생기고, 생명은 온화하고 맑은 곳에서 생긴다. 근심은 욕심이 많은 데서 생기고, 재앙은 탐욕이 많은 데서 생기며, 과실은 경솔하고 교만한 데서 생기고, 죄악은 어질지 못한 데서 생긴다.

눈을 경계하여 남의 그릇된 것을 보지 말고, 입을 조심하여 남의 결점을 말하지 말고, 마음을 경계하여 스스로 탐내고 성내지 말며, 몸을 조심하여 나쁜 벗을 따르지 말라. 이롭지 않은 말은 함부로 하지 말고, 나와 관계없는 일은 함부로 하지 말라.

임금을 높여 공경하고, 부모에게 효도하며, 웃어른을 존경하고, 덕 있는 자를 받들며, 어진 사람과 어리석은 사람을 분별하고, 무식한 자를 꾸짖지 말고 용서하라.

일이 순리대로 찾아오면 물리치지 말고 이미 지나갔거든 뒤쫓지 말며, 몸이 아직 때를 만나지 못하거든 바라지 말고 일이 이미 지나갔거든 생각하지 말라.

총명한 사람도 사리에 어둡고 어리석을 때가 많으며, 계획을 치밀하게 세워 놓았어도 편의를 잃을 수가 있다. 남을 손상시키면 마침내 자기도 손실을 입을 것이요, 권력(권세)에 의존하면 재앙이 따른다.

경계하는 것은 마음에 있고 지키는 것은 기운에 있다. 절약하지 않으면 집안이 망하게 되고, 청렴하지 않으면 지위를 잃게 된다.

그대에게 평생을 두고 스스로 경계할 것을 권하노니, 감탄할 만하고, 놀랄 만하며, 두려워할 만한 것이다. 위로는 하늘의 거울이 비추어 살펴보고, 아래로는 땅의 신령이 있어 살피고 있다. 밝은 곳에는 삼법(三法)이 서로 이어져 있고, 어두운 곳에는 귀신이 서로 따르고 있다. 오직 바른 것을 지키고 마음을 속여서는 안 되니, 이를 경계하고 또 경계하라."

紫虛元君誠諭心文曰(자허원군성유심문왈), 福生於淸儉(복생어청검), 德生於卑退(덕생어안정), 道生於安靜(도생어안정), 命生於和暢(명생어화창), 憂生於多慾(우생어다욕), 禍生於多貪(화생어다탐), 過生於輕慢(과생어경만), 罪生於不仁(죄생어불인).

戒眼莫看他非(계안막간타비), 戒口莫談他短(계구막담타단), 戒心莫自貪嗔(계심막자탐진), 戒身莫隨(계신막수).

惡伴(악반), 無益之言莫妄說(무익지언막망설), 不干己事莫妄爲(불간기사막망위), 尊君王孝父母(존군왕효부모), 敬尊長奉有德(경존장봉유덕), 別賢愚恕無識(별현우서무식).

物順來而勿拒(물순래이물거), 物旣去而勿追(물기거이물추), 身未遇而勿望(신미우이물망), 事已過而勿思(사이과이물사).

聰明多暗昧(총명다암매), 算計失便宜(산계실편의), 損人終自失(손인종자실), 依勢禍相隨(의세화상수).

戒之在心(계지재심), 守之在氣(수지재기), 爲不節而亡家(위부절이망가), 因不廉而失位(인불렴이실위).

勸君自警於平生(권군자경어평생), 可歎可驚而可畏(가탄가경이가외), 上臨之以天鑑(상림지이천감), 下察之以地祇(하찰지이지기), 明有三法相繼(명유삼법상계), 暗有鬼神相隨(암유귀신상수), 惟正可守(유정가수), 心不可欺(심불가기), 戒之戒之(계지계지).

(字義) 1. 자허원군은 도가(道家)의 사람이다. 2. '生於~' ~에서(~로부터) 생기다. 3. 暢은 '화창할 창', '통할 창'의 뜻이다. 4. 慢은 '게으를 만' 5. 戒는 '경계할 계' 6. 嗔은 '성낼 진' 7. 伴은 '짝 반' 8. 妄은 '망령될 망', 여기서는 부사로 쓰였다. 9. 干은 '간섭할 간'의 뜻이다. 10. 已는 '이미 이' 11. 過는 명사로는 '과오', '과실', '허물'이란 뜻이고, 술어

로는 '지날 과'의 뜻이다. 12. 昧는 '어두울 매' 13. 損은 '덜 손', '~에게 손해를 끼치다', '~을 손상시키다'의 뜻이다. 14. 爲는 그 뒤 문장 因과 대구를 이루며 '이유'를 나타낸다. 15. 節은 '절약(절제)할 절'의 뜻이다. 16. 勸은 '권할 권'이며, 警은 '경계할 경'의 뜻이다. 17. 祇는 '지신(地神) 기'의 뜻이다. 18. 欺는 '속일 기'의 뜻이다.

▶ 이 글은 도가인 자허원군이 사람들의 행동을 경계한 글인데, 어느 하나도 금언이 아닌 것이 없다. 맑고 검소한 생활이 재앙을 없애고 복을 불러오는 계기가 될 수 있음을 말하고 있다.

6. 안분편(安分篇): 분수를 지켜라

6-1: 『경행록』에 이르기를, "만족함을 알면 즐거울 것이요, 탐하는 것에 힘쓰면 곧 근심이 생긴다."

景行錄云(경행록운), 知足可樂(지족가락), 務貪則憂(무탐즉우).

(字義) 1. 足은 '족할 족'의 뜻이다. 2. 務는 '힘쓸 무', '~하기를 힘쓰다'의 뜻이다.

▶ 인간의 욕심은 무한하다. 자신이 가진 것에 만족할 줄 알아야 한

다. 가진 것이 적지만 만족하는 사람이 있고, 많이 가지고도 만족하지 않고 더 가지려는 사람들도 있다. 전자는 기쁘고 행복하지만 후자는 욕구를 충족시키지 못해 늘 불행하다.

6-2: 만족하는 사람은 가난하고 천하더라도 또한 즐거울 것이요, 만족함을 모르는 사람은 부하고 귀하여도 역시 근심하게 된다.

知足者(지족자), 貧賤亦樂(빈천역락), 不知足者(부지족자), 富貴亦憂(부귀역우).

▶ 만족한다는 것은 결국 욕심이 적음을 의미한다. 욕심이 없으면 저절로 만족함을 느낀다. 공자는 "군자는 마음이 항상 태평하고 넓고, 소인은 마음이 항상 근심에 차서 초조하다."라고 하였다.

6-3: 분수에 넘치는 생각은 오직 정신만 상하게 할 뿐이요, 망령된 행동은 도리어 재앙만 가져온다.

濫想徒傷神(남상도상신), 妄動反致禍(망동반치화).

(字義) 1. 濫은 '넘칠 람', 부사로 쓰일 때는 '함부로 ~하다', '도에 넘치게 ~하다'로 번역된다. 濫想은 '허황된 생각'을 뜻한다. 2. 徒는 부사로 '다만 도', '한갓 도'의 뜻이다. 3. 反은 '반대로', '도리어'의 뜻이다. 4. 致는 '이를 치', 致는 원래 '~에 이르다'의 뜻이지만 의미가 확장되어 '~

을 이루다', '~이 되다'는 뜻도 지닌다.

6-4: **만족할 줄 알고 늘 만족하면 한 평생 욕되지 아니하고, 그칠 줄 알고 늘 적당한 선에서 그치면 종신토록 부끄러움이 없다.**

知足常足(지족상족), 終身不辱(종신불욕), 知止常止(지지상지), 終身無恥(종신무치).

(字義) 1. 辱은 '욕될 욕' 2.恥는 '부끄러울 치', 수줍어한다는 뜻이 아니라 치욕스럽다는 뜻이다.

6-5: **『서경(書經)』에 이르기를, "가득 차서 넘치면 손해를 부르고 겸손하면 이익을 얻게 된다."**

書曰(서왈), 滿招損(만초손), 謙受益(겸수익).

(字義) 1. 招는 '부를 초' 2. 謙은 '겸손할 겸'

▶ 이 구절은 가득찬 것을 경계하는 말이다. 달이 차면 기울기 마련이다. 권세나 명예가 최고치에 이르면 이를 시기하고 미워하는 사람이 나타나게 되어 몸이 위태로울 수 있다. 권세나 명예가 극도에 이르는 것을 피하고 겸손한 태도를 지녀야 한다.

6-6: 『안분음(安分吟)』에 이르기를, "편안한 마음으로 분수를 지키면 몸에 욕됨이 없을 것이요, 세상의 돌아가는 상황을 잘 알면 마음이 저절로 한가할 것이다. 비록 인간 세상에 살더라도 오히려 인간 세상에서 벗어나는 것이다."

安分吟曰(안분음왈), 安分身無辱(안분신무욕), 知機心自閑(지기심자한), 雖居人世上(수거인세상), 却是出人間(각시출인간).

(字義) 1. 安分吟은 송나라 邵雍이 지은 시이며, '격양시(擊壤詩)'라고도 한다. 2. 安分은 '자기 분수에 안주함'을 말한다. 3. 吟은 '읊조릴 음'이다. 4. 知機는 '천기나 하늘의 기미를 안다'는 뜻이다. 機는 '베틀'이란 뜻도 있지만, '기미 기'의 뜻도 있다. 5. 却은 현대에는 주로 '버릴 각'의 뜻으로만 쓰이지만, 한문에서는 이와 같이 부사로 '도리어 각'의 뜻으로 더 많이 쓰인다. '却是~'는 관용구로 '도리어 ~이다'의 뜻이다.

6-7: 공자가 말하기를, "그 지위에 있지 않으면서 그 지위와 관련된 일에 대하여 논하지 말라."

子曰(자왈), 不在其位(부재기위), 不謀其政(불모기정).

(字義) 1. 位는 '자리 위'의 뜻이다. 2. 謨는 '꾀할 모'의 뜻이다.

▶ 이 구절은 자신의 직분에 충실해야 함을 뜻하는 말이다. 각자의 직분을 지키면서 최선을 다해야지 자신의 직분을 넘어서 남의 일

에 함부로 간여해서는 안 된다고 말한다.

7. 존심편(存心篇): 마음을 보존하라

7-1: 『경행록(景行錄)』에 이르기를, "밀실(密室)에 앉아 있더라도 마치 네거리에 앉은 것처럼 여기고, 작은 마음 다스리기를 마치 여섯 필의 말을 부리듯 하면 허물을 면할 수 있다."

景行錄云(경행록운), 坐密室如通衢(좌밀실여통구), 馭寸心如六馬(어촌심여육마), 可免過(가면과).

(字義) 1. 如通衢는 사방으로 통하는 네거리에 있는 것처럼 조심한다. 2. 衢는 '거리 구'의 뜻이다. 3. 馭는 '말부릴 어'의 뜻이다. 4. 寸은 '마디 촌', 길이의 단위로도 쓰인다. 5. 可免~는 '~을 면할 수 있다'는 뜻이다.

▶ 우리는 남이 보지 않는 곳에서 몸가짐과 마음가짐이 흐트러지는 경우가 많다. 수양을 한 사람은 아무도 없는 밀실에서도 큰 거리에 나와 있는 것과 같이 생각하고 행동한다. 『중용』에서는 "군자는 홀로 있을 때 삼가라."라고 한다. 남이 보지 않는 곳에서도 조심하는 태도를 가져야만 다른 사람과 함께 할 때에도 바른 마음과 몸가짐을 지닐 수 있다.

7-2: 『격양시(擊壤詩)』에 이르기를, "부귀를 지혜와 힘으로 구할 수 있다면 중니(仲尼 : 孔子)는 젊은 나이에 마땅히 제후에 봉해졌을 것이다. 세상 사람들은 푸른 하늘의 뜻을 이해하지 못하고 헛되이 한밤중에 몸과 마음을 근심하게 한다."

擊壤詩云(격양시운), 富貴如將智力求(부귀여장지력구), 仲尼年少合封侯(중니연소합봉후), 世人不解靑天意(세인불해청천의), 空使身心半夜愁(공사신심반야수).

(字義) 1. 擊壤詩는 송나라 때 소옹(소강절)이 엮은 『이천격양집(伊川擊壤集)』에 실려 있다. 2. 如는 '만약 ~한다면(=若)'의 뜻이다. 3. 仲尼(중니)는 孔子의 字이다. 4. 將은 여기서 '장차 장'의 의미가 아니라 '가질 장'의 의미로 사용하였다. 5. 年은 '나이'란 뜻이다. 6. 不解는 '이해하지 못하였다'는 뜻이다. 7. 空은 부사로 '헛되이, 부질없이, 공연히'의 뜻이다. 9. 半夜는 '한밤중'이란 뜻의 한 단어이다.

▶ 공자는 부귀를 구하고자 하였다면 구할 수 있었지만 그보다는 하늘과 같은 마음을 보존하기 위해 노력하였다. 일반인은 착한 마음을 보존하려 하지 않고 외부의 권력이나 명예, 돈에만 집착하기 때문에 늘 근심하면서 살아간다. 이 구절은 부귀보다도 마음공부에 힘써야 함을 말하고 있다.

7-3: 범충선공(范忠宣公)이 자제들을 타일러 말하기를, "사람들이 비록 자신은 지극히 어리석을지라도 남을 꾸짖는 데는 밝고, 비록 총명함이

있다 해도 자기 자신을 용서하는 데는 어둡다. 너희들은 마땅히 남을 책망하는 마음으로 자신을 꾸짖고, 자신을 용서하는 마음으로 남을 용서한다면 성현의 경지에 이르지 못할까 걱정하지 않아도 된다."

范忠宣公(범충선공), 戒子弟曰(계자제왈), 人雖至愚(인수지우), 責人則明(책인즉명), 雖有聰明(수유총명), 恕己則昏(서기즉혼), 爾曹(이조), 但當以責人之心責己(단당이책인지심책기), 恕己之心恕人則(서기지심서인즉), 不患不到聖賢地位也(불환부도성현지위야).

(字義) 1. 범충선공은 북송(北宋)때의 재상으로 이름은 순인(純仁), 字는 요부(堯夫), 시호는 충선(忠宣)으로 범중엄(范仲淹)의 아들이다. 2. 至는 술어로는 '~에 이르다'의 뜻이지만, 여기서는 '매우, 지극히'의 뜻이다. 3. 恕己則昏은 자신의 허물을 용서할 때는 흐리멍덩한 척하고 넘어간다는 뜻이다. 4. 爾曹는 '너희들'의 의미이다. 5. 但當 은 '오직 ~마땅히 ~해야 한다'는 의미이다. 6. 到는 '이를 도', '~에 이르다, ~에 도착하다'는 뜻이다.

▶ 사람들은 다른 사람의 잘못은 잘 알아차리면서도 자신의 잘못은 잘 알지 못한다. 아무리 어리석은 사람이라도 남의 잘못을 꾸짖기는 잘하지만, 아무리 총명한 사람이라도 자신의 잘못을 깨닫지는 못한다. 남을 꾸짖기를 좋아하는 그 마음으로 자신의 잘못을 꾸짖고, 자신을 용서하는 마음으로 타인을 용서해야 한다.

7-4: 공자가 말하기를, "총명하고 생각이 뛰어나더라도 어리석은 척하

면서 자기를 지켜야 하고, 공(功)이 천하를 덮을 만하더라도 겸양으로 공을 지키며, 용맹이 세상에 떨칠지라도 두려운 마음으로 용맹을 지키고, 부유하기가 온 세상을 가질 정도라고 하더라도 겸손하여야 한다."

子曰(자왈), 聰明思睿(총명사예), 守之以愚(수지이우), 功被天下(공피천하), 守之以讓(수지이양), 勇力振世(용력진세), 守之以怯(수지이겁), 富有四海(부유사해), 守之以謙(수지이겸).

(字義) 1. 睿는 叡와 동자(同字)이다. '밝을 예'는 슬기롭다는 뜻이다. 2. 被는 ①입을 피 ②덮을 피의 뜻이 있다. 3. 怯은 '겁낼 겁'

7-5: **『소서(素書)』에 이르기를, "베푸는 데 박하면서 후한 것을 바라는 자에게는 보답이 없고, 몸이 귀하게 된 후에 천했던 때를 잊는 자는 오래가지 못한다."**

素書云(소서운), 薄施厚望者不報(박시후망자불보), 貴而忘賤者不久(귀이망천자불구).

(字義) 1. 素書는 진(秦)나라 때의 병가(兵家)인 황석공(黃石公)이 장량에게 준 병서이며, 흔히 『黃石公素書』라고 한다. 2. 不久는 '(귀한 자리를) 오래 지키지 못함'의 뜻이다.

7-6: **은혜를 베풀었다면 그 보답을 구하지 말고, 남에게 주었거든 후회**

하지 말라.

施恩勿求報(시은물구보), 與人勿追悔(여인물추회).

(字義) 1. 與는 술어로 '줄 여' 2. 悔는 '뉘우칠 회'

7-7: **손사막(孫思邈)이 말하기를, "담력은 크게 가지도록 하되 마음가짐은 섬세해야 하고, 지혜는 원만하도록 하되 행동은 방정(方正, 네모 모양과 같이 반듯)해야 한다."**

孫思邈曰(손사막왈), 膽欲大而心欲小(담욕대이심욕소), 知欲圓而行欲方(지욕원이행욕방).

(字義) 1. 손사막(孫思邈)은 당(唐)나라 때의 사람으로 제자백가(諸子百家)의 학설에 정통했고 음양(陰陽), 의약(醫藥)에도 뛰어났다고 한다. 2. 膽은 '쓸개 담', 여기서는 과단성, 의지 등을 비유한 말이다. 3. 心欲所는 '마음가짐을 작은 듯이 하라', '마음을 세심하게 쓰라'는 뜻이다. 4. 方은 술어로 '네모반듯하다. 방정(方正)하다'의 뜻이다. 위의 두 번째 구절은 지혜는 둥글게 하여 막힘이 없게 하고자 하나, 행동은 네모처럼 반듯하게 하고자 한다는 뜻이다.

7-8: **생각하기를 항상 싸움터에 나아갔을 때와 같이 하고, 마음은 언제나 다리를 건널 때와 같이 조심해야 한다.**

念念要如臨戰日(념념요여임전일), 心心常似過橋時(심심상사과교시).

(字義) 1. 念念은 '모든 생각에, 생각마다'의 뜻이다. 2. 要는 '~해야 한다'는 뜻이다. 3. 臨戰日은 '전투에 임하는 날'을 뜻한다. 4. 心心은 '조심하고 또 조심한다'는 뜻이다. 5. 似는 '같을 사'로 如와 쓰임새가 같다. 6. 過는 명사로는 '허물', '지나침', '과오'의 뜻이고, 여기서처럼 술어로는 '~을 지나다'의 뜻이다.

7-9: 법을 두려워하면 언제나 즐거울 것이요, 공(公 : 공적인 일, 나라의 일)을 속이면 날마다 근심이 된다.

懼法朝朝樂(구법조조락), 欺公日日憂(기공일일우).

(字義) 1. 懼法은 '나라의 법을 두렵게 여기고 지킨다'는 뜻이다. 2. 朝朝는 '매일 아침'을 뜻한다. 3. 欺公은 '공무, 공무를 기만한다'는 뜻이다. 4. 명사를 중첩해서 쓰면 '모든~', '~마다'의 뜻이다. 朝朝는 '아침마다', 日日은 '날마다'의 뜻이다.

7-10: 주문공(朱文公)이 말하기를, "입을 지키는 것은 병(甁)과 같이 하고, 나쁜 생각 막기를 성(城)을 지키는 것 같이 하라."

朱文公曰(주문공왈), 守口如甁(수구여병), 防意如城(방의여성).

(字義) 1. 朱文公은 朱子를 지칭한다. 文은 시호이고 公은 존칭이다. 2. 守口는 '입조심하다'는 뜻이다. 3. 甁은 '병 병' 4. 防은 '막을 방', 防意는 '과도한 의욕이나 욕심을 제어한다'는 뜻이다.

7-11: 마음이 남에게 부끄러움이 없으면 얼굴에 부끄러운 빛이 없다.

心不負人(심불부인), 面無慚色(면무참색).

(字義) 1. 負는 ①(등에) 질 부 ②질(패배할) 부 2. 慚은 '부끄러울 참', 慚色은 부끄러운 기색, 표정을 말한다.

▶ 마음 안의 생각은 겉으로 드러나기 마련이다. 스스로를 반성하여 다른 사람에게 잘못하지 않는다면 얼굴에 부끄러운 표정이 나타나지 않는다. 맹자는 "위로 하늘에 부끄러움이 없고, 아래로 사람들에게 부끄러움이 없어야 한다."라고 말하였는데, 이럴 때 인생에서 가장 큰 즐거움을 얻는다고 하였다. 남에게 선하게 대하고 부끄러움이 없는 삶을 살 때 행복할 수 있다.

7-12: 사람은 100세를 사는 사람이 없건만 부질없이 천년의 계획을 세우는구나.

人無百歲人(인무백세인), 枉作千年計(왕작천년계).

(字義) 1. 枉은 '굽을 왕', 여기서는 부사로 '부질없이'의 뜻이다. 2.計는 '계교 계', '꾀 계'

▶ 우리 속담에 "하루 죽을 줄 모르고 열흘 살 생각을 한다."라는 말이 있다. 백 살도 살 수 없는 인생이 천년이나 살 것처럼 먼 계획을 세우는 사람들이 있다. 허망한 욕심을 버리고 하루하루 성실하고 착하게 살아가라는 말이다.

7-13: 구래공(寇萊公)의 『육회명(六悔銘)』에 이르기를, "관직에 있을 때 사사롭고 곧지 않은 일을 행하면 벼슬을 잃었을 때 뉘우치게 되고, 돈이 많을 때에 아껴 쓰지 않으면 가난해졌을 때 뉘우치게 되고, 기술이나 재주를 어렸을 때 배우지 않으면 시기가 지났을 때 뉘우치게 되고, 일을 보고도 배우지 않으면 필요하게 되었을 때 뉘우치게 되고, 취한 뒤에 함부로 말하면 술이 깨었을 때 후회하게 되고, 몸이 건강했을 때 조심하지 않으면 병이 들었을 때 후회할 것이다."

寇萊公六悔銘云(구래공육회명운), 官行私曲失時悔(관행사곡실시회), 富不儉用貧時悔(부불검용빈시회), 藝不少學過時悔(예불소학과시회), 見事不學用時悔(견사불학용시회), 醉後狂言醒時悔 (취후광언성시회), 安不將息病時悔(안불장식병시회).

(字義) 1. 寇萊公은 북송(北宋)의 고관이다. 성이 구(寇)이고, 호는 내국공(萊國公)이다. 2. 육회명(六悔銘)은 구래공이 쓴 여섯 가지의 후회할 일을 삼가라는 계명이다. 3. 少는 ①(나이가) '어릴 소', ②(少+명

사구) '적을 소', ③(부사) '조금 소', 여기서는 ①의 뜻으로 '나이가 어리다'는 뜻이다. 4. 醒은 '깰 성'

7-14: 『익지서(益智書)』에 이르기를, "차라리 아무 사고 없이 집이 가난할지언정 사고가 있으면서 집이 부유하게 되지 말 것이며, 차라리 아무 사고 없이 허술한 집에서 살지언정 사고가 있으면서 좋은 집에서 살지 말 것이며, 차라리 병이 없으면서 거친 밥을 먹을지언정 병이 있어 좋은 약을 먹지 말 것이다. 마음이 편안하면 초가집도 평온하고 성품이 안정되면 나물국도 향기롭다."

益智書云(익지서운), 寧無事而家貧(영무사이가빈), 莫有事而家富(막유사이가부), 寧無事而住茅屋 (영무사이주모옥), 不有事而住金屋(불유사이주금옥), 寧無病而食麤飯(영무병이식추반), 不有病而服良藥(불유병이복양약), 心安茅屋穩(심안모옥은), 性定菜羹香(성정채갱향).

(字義) 1. 寧은 ①안녕 녕 ②차라리 녕, 여기서는 ②의 뜻으로 쓰였다. 2. 莫有는 '~하는 일이 없어야 한다'는 뜻이다. 3. 茅는 '띠 모', '띠'는 길쭉한 풀이름 4. 麤飯는 '잡곡밥', '조밥'을 뜻한다. 5.服은 '~을 복용(服用)하다'는 뜻이다. 6. 良은 '좋을 량'의 뜻이며, 여기서는 '어질 량'의 뜻이 아니다.

7-15: 『경행록』에 이르기를, "남을 꾸짖는 자는 사귐을 온전하게 할 수 없고, 자기 자신을 용서하는 자는 허물을 고치지 못한다."

景行錄云(경운록운), 責人者不全交(책인자부전교), 自恕者不改過(자서자불개과).

(字義) 1. 全은 不뒤에 쓰였으므로 술어임을 알 수 있다. 全은 '온전할 전', '~을 온전히 하다'의 뜻이다.

7-16: 아침 일찍 일어나면서부터 밤에 잠들 때까지 충효만을 생각하는 자는 남이 비록 알아주지 않는다 해도 하늘이 반드시 알 것이요, 배부르게 먹고 따뜻하게 입고서 안락하게 제 몸만 보호하는 자는 몸은 비록 편안하나 그의 자손은 어찌 될 것인가?

夙興夜寐(숙흥야매), 所思忠孝者(소사충효자), 人雖不知(인수부지), 天必知之(천필지지), 飽食煖衣(포식난의), 怡然自衛者(이연자위자), 身雖安(신수안), 其如子孫何(기여자손하).

(字義) 1. 夙은 '아침일찍 숙', '이를 숙'의 뜻이다. 2. 興은 '일어날 흥'의 뜻이다. 3. 寐는 '잠잘 매'의 뜻이다. '夙興夜寐'는 '아침 일찍 일어나고 밤이 깊어 잠잘 때까지'라는 뜻으로 자주 쓰이는 관용적인 표현이다. 4. '所+타동사'는 '~하는 바', '~하는 것' 등의 뜻으로 명사구를 이룬다. 5. 怡는 ①화(和)할 이 ②기뻐할 이, 이연(怡然)은 종종 쓰이는 단어로서 기뻐하는 모양을 나타내는 의태어이다. 怡然은 즐거워함을 뜻한다. 6. 自衛는 '자기만을 위함'을 뜻한다. 7. 衣는 '옷을 입다'는 뜻의 술어로 쓰였다.

▶ 아침에 일어나서 저녁에 잘 때까지 부모에게 효도하고 타인에게 진심으로 대한 사람은 비록 다른 사람들이 알아주지 않아도 하늘이 반드시 복을 줄 것이다. 그러나 좋은 집에서 배불리 먹고 사치스러운 생활을 하는 사람은 비록 자기 몸은 편하겠지만 장차 그 자손에게 재앙이 생길 수 있음을 말하고 있다.

7-17: 아내와 자식을 사랑하는 마음으로 어버이를 섬긴다면 그 효도가 지극할 것이요, 부귀를 보전하려는 마음으로 임금을 받든다면 그 어느 때나 충성할 것이다. 남을 책망하는 마음으로 자기를 책망한다면 허물이 적을 것이요, 자기를 용서하는 마음으로 남을 용서한다면 온전한 사귐을 가질 수 있을 것이다.

以愛妻子之心(이애처자지심), 事親則曲盡其孝(사친즉곡진기효), 以保富貴之心(이보부귀지심), 奉君則無往不忠(봉군즉무왕불충), 以責人之心(이책인지심), 責己則寡過(책기즉과과), 以恕己之心(이서기지심), 恕人則全交(서인즉전교).

(字義) 1. 事는 '섬길 사'의 뜻이다. 2. 親은 '어버이 친'의 뜻이다. 3. 則은 앞 문장을 가정으로 해석한다. 4. 寡+명사일 경우에는 '~이 적다'는 의미이다.

▶ 이 구절은 자신이 하고 싶은 일을 타인도 그렇게 할 수 있도록 해주면 모든 일이 원만하게 이루어질 수 있음을 말하고 있다. 공자는 "자신이 하고 싶은 일은 남도 할 수 있게 해 주고, 자신이 원하

지 않는 일은 남도 하지 않게 하라."는 충서(忠恕)의 덕목을 강조하였다.

7-18: 네 꾀가 옳지 못하면 후회한들 어디에 이를 것이며(후회해도 아무 소용이 없을 것이며), 너의 소견(식견)이 뛰어나지 못하면 가르친들 무슨 이로움이 있겠는가? 오로지 자기 이익만을 위한다면 도리에 어긋나게 되고, 자기의 사사로운 마음만을 가지면 공적(公的)인 것을 생각하는 마음은 사라지게 된다. 일을 만들면 일이 생기게 되고, 일을 덜면 일이 없어진다.

爾謀不臧(이모부장), 悔之何及(회지하급), 爾見不長(이견부장), 教之何益(교지하익), 利心專則背道(이심전즉배도), 私意確則滅公(사의확즉멸공), 生事事生(생사사생), 省事事省(생사사생).

(字義) 1. 爾는 '그대 이'의 뜻이다. 2. 謀는 '꾀할 모', '도모할 모' 3. 不臧은 '착하지 않다'는 뜻이다. 4. 及은 '이를 급', '何及'은 '아무 소용없다'는 의미로 잘 쓰이는 관용구이다. 5. 專은 '오로지 전', 여기서는 술어로 쓰였다. '전일(專一)하다'는 뜻이다. 6. 背는 '등 배', '배반할 배' 7. 確은 '고집 확' 8. 公은 '공변될 공', '공정하다', '공평무사하다'는 뜻이다. 9. '生事事生'에서 앞의 生은 '날 생', '낳을 생', 뒤의 生은 '~가 생기다'. 10. 省은 '덜 생', '줄일 생'

▶ 일을 시작할 때에 올바른 가치관을 가져야한다. 만약 배움에 올바른 생각을 지니지 않으면, 배움에 아무 의미가 없을 뿐만 아니라

그 배움이 남에게 해를 끼칠 수 있다.

8. 계성편(戒性篇): 성품을 경계하라

8-1: 『경행록』에 이르기를, "사람의 성품은 물과 같아서 물이 한번 기울어져 쏟아지면 다시 담을 수 없듯이 성품도 한번 방종해지면 되돌릴 수 없다. 물을 잡기 위해서는 반드시 둑을 쌓아야 하듯이 성품을 올바로 다스리기 위해서는 반드시 예법을 지켜야 한다."

景行錄云(경행록운), 人性如水(인성여수), 水一傾則不可復(수일경즉불가복), 性一縱則不可反(성일종즉불가반), 制水者必以堤防(제수자필이제방), 制性者必以禮法(제성자필이예법).

(字義) 1. 如水는 '물과 같다'는 뜻이다. 2. 傾은 '기울어진 경', 水一傾은 '물이 한 번 기울다(엎질러지다)'의 뜻이다. 3. 則 앞의 문구는 가정으로 해석한다. 4. 不可+술어: '~할 수 없다'는 뜻이다. 5. 縱은 '놓을 종', '방종할 종', 性一縱은 '성품이 한번 방종해지다'는 뜻이다. 6. 制性은 '나쁜 성품을 제어한다'는 뜻이다.

8-2: 한때의 노여움을 참으면 백날의 걱정을 피할 수 있다.

忍一時之忿(인일시지분), 免百日之憂(면백일지우).

(字義) 1. 忍一時之忿은 '한 때의 분을 참다'는 뜻이다. 2. 百日之愚은 '백일 동안의 근심, 걱정'을 뜻한다.

▶ 사람의 감정 중에 무서운 것이 분노이다. 분노가 폭발하면 큰 실수를 범하거나 큰 근심거리가 생겨 두고두고 후회하기 마련이다. 미국의 제퍼슨은 "화가 나거든 말하기 전에 열까지 세라. 더욱 화가 났을 때에는 백 가지 센 다음 말하라."라고 분노를 참는 방법을 제시하기도 하였다.

8-3: 참을 수 있으면 또 참고, 경계할 수 있으면 또 경계하라. 만일 매사에 참지 못하고 경계하지 않으면 작은 일도 큰 일이 되어버린다.

得忍且忍(득인차인), 得戒且戒(득계차계), 不忍不戒(불인불계), 小事成大(소사성대).

8-4: 어리석고 똑똑하지 못한 자가 화를 내는 까닭은 이치를 알지 못하기 때문이다. 마음 위에 노여움을 더하지 말고 다만 귓전을 스치는 바람결과 같이 생각하라. 장점과 단점은 모든 집에 있기 마련이고, 따뜻하고 싸늘한 것은 어느 곳에나 있다. 옳고 그름이란 본래 실상이 없어서 마침내는 모두가 부질없는 것이 된다.

愚濁生嗔怒(우탁생진노), 皆因理不通(개인리불통), 休添心上火(휴첨심상화), 只作耳邊風(지작이변풍), 長短家家有(장단가가유), 炎凉處處同(염량처처동), 是非無實相(시비무실상), 究竟摠成空(구경총성공).

(字義) 1. 愚濁은 '어리석고 흐림'을 뜻한다. 2. 理不通은 '이치에 통하지 못한 것'을 뜻한다. 3. 嗔은 '성낼 진' 4. 添은 '더할 첨' 5. 炎凉(염량)은 한 단어로 사용되며, 비유적으로 '세력의 성함과 약함'을 뜻한다. 6. 實은 '실할 실', 여기서는 '가득 차다', '실하다'의 뜻이다. 7. 究竟은 한 단어로 '결국', '필경(畢竟)', '마침내'와 같은 뜻이다. 8. 摠은 '모두 총'으로 總과 같은 글자이다. 9. 成은 '이룰 성', '~이 되다'의 뜻으로도 자주 쓰인다.

▶ 분노를 억제하지 못하는 것은 수양이 부족하기 때문이다. 어리석은 사람들이 화를 잘 내는 이유는 사물의 이치를 옳게 깨닫지 못하고, 시각이 한쪽으로 편향되어 있기 때문이다. 마음을 편하게 하기 위해서는 사태를 전체적인 관점에서 볼 필요가 있다. 세상 사람 누구에게나 장점과 단점이 있다. 타인의 단점보다는 장점을 보려고 노력하고, 옳고 그름은 어느 관점에서 보느냐에 따라 다르기 때문에 실상이 없고 때가 지나면 모두가 허무한 일이 되기 마련이다. 서운한 말을 들으면 그 말에 집착하지 말고 바람처럼 흘러 보내라고 말하였다.

8-5: 자장(子張)이 떠나고자 공자에게 하직을 고하면서 말하기를, "바라건대 한 말씀 내려주시면 수신(修身)의 미덕(美德)으로 삼고자 합니다."

공자가 말했다. "모든 행실의 근본은 참는 것이 으뜸이다."

자장이 묻기를, "무엇을 위하여 참아야 하는 것입니까?"

공자가 말했다. "천자(天子)가 참으면 나라에 해가 없고, 제후(諸侯)가 참으면 큰 나라를 이루고, 관리가 참으면 그 지위가 올라가고, 형제가 참으면 집안이 부귀해지고, 부부가 참으면 일생을 해로할 수 있고, 친구끼리 참으면 자신의 명성이 없어지지 않으며, 자신을 위해 참으면 재앙과 해가 없을 것이다."

子張欲行(자장욕행), 辭於夫子(사어부자), "願賜一言(원사일언), 爲修身之美(위수신지미)." 子曰(자왈), "百行之本(백행지본), 忍之爲上(인지위상)" 子張曰(자장왈), "何爲忍之(하위인지)." 子曰(자왈), "天子忍之(천자인지), 國無害(국무해), 諸侯忍之(제후인지), 成其大(성기대), 官吏忍之(관리인지), 進其位(진기위), 兄弟忍之(형제인지), 家富貴(가부귀), 夫妻忍之(부처인지), 終其世(종기세), 朋友忍之(붕우인지), 名不廢(명불폐), 自身忍之(자신인지), 無禍害(무화해)."

(字義) 1. 子張은 공자의 제자이다. 『논어』「위정편(爲政篇)」에도 자장이 공자에게 벼슬을 구하는 방법에 대해 묻는 구절이 있다. 2. 辭는 '하직하다'는 뜻이다. 3. 願은 '원할 원' 4. 賜는 '줄 사', 賜一言은 '한 말씀 내려주세요'라는 뜻이다. 5. 何爲는 직역하면 '무엇을 위하여?'이며, 이유를 나타내는 의문문이다.

8-6: 자장이 묻기를, "참지 않으면 어떻게 됩니까?"

공자가 말했다. "천자가 참지 않으면 온 나라가 텅 빈 공간이 될 것이

고, 제후가 참지 않으면 그 몸을 잃게 되고, 관리가 참지 않으면 형법에 의하여 죽게 되고, 형제가 참지 않으면 각각 헤어져서 따로 살게 되고, 부부가 참지 않으면 자식을 외롭게 만들고, 친구끼리 참지 않으면 정과 뜻이 서로 멀어지고, 자신이 참지 않으면 근심이 덜어지지 않는다."

자장이 다 듣고 나서 말하기를, "참으로 좋고도 좋은 말씀이로구나. 참는 것은 어렵고도 어렵구나. 사람이 아니면 참지 못할 것이요, 참지 못하면 사람이 아니로다."

子張曰(자장왈), 不忍則如何(불인즉여하).
子曰(자왈), 天子不忍(천자불인), 國空虛(국공허), 諸侯不忍(제후불인), 喪其軀(상기구).
官吏不忍(관리불인), 刑法誅(형법주), 兄弟不忍(형제불인), 各分居(각분거), 夫妻不忍(부처불인) 令子孤(영자고), 朋友不忍(붕우불인), 情意疎(정의소), 自身不忍(자신불인), 患不除(환부제).
子張曰(자장왈), 善哉善哉(선재선재), 難忍難忍(난인난인), 非人不忍(비인불인), 不忍非人(불인비인).

(字義) 1. 國空虛는 '나라가 텅 비게 된다'는 뜻이다. 2. 喪은 '잃을 상' 3. 軀는 '몸 구' 4. 刑은 '형벌 형' 5. 誅는 '벨 주', 刑法誅는 '형법에 의해 죽음을 당한다'는 뜻이다. 6. 令은 사역동사이다. 7. 疎는 (친분이나, 정감이) '소원(疎遠)하다'의 뜻으로 사용된다. 8. 哉는 감탄형 종결 어조사로 쓰인다.

8-7: 『경행록』에 이르기를, "자신을 낮추는 자는 중요한 지위에 처할 수

있으며, 남에게 이기기를 좋아하는 자는 반드시 적을 만나게 된다."

景行錄云(경행록운), 屈己者(굴기자), 能處重(능처중), 好勝者(호승자), 必遇敵(필우적).

(字義) 1. 屈己者는 '자기를 굽히는 자', '남에게 양보하는 사람'을 말한다. 2. 能處는 '처할 수 있다'는 뜻이다. 3. 處는 술어로는 '처리하다'의 뜻으로 사용된다. 處重은 '중요한 일을 처리하다'라는 뜻이다.

8-8: **악한 사람이 착한 사람을 꾸짖거든 착한 사람은 전혀 대꾸하지 마라. 대꾸하지 않는 사람은 마음이 깨끗하고 한가하나, 꾸짖는 자는 입에 불이 붙는 것처럼 뜨겁게 끓을 것이다. 이것은 마치 사람이 하늘에 대고 침을 뱉는 것과 같아서 그 침은 도로 자기 몸에 떨어지게 된다.**

惡人罵善人(악인매선인), 善人摠不對(선인총부대), 不對心淸閑(부대심청한), 罵者口熱沸(매자구열비), 正如人唾天(장여인타천), 還從己身墜(환종기신추).

(字義) 1. 罵는 '꾸짖을 매' 2. 摠은 總과 같은 글자로 '모두 총' 3. 不對는 '상대하지 않는다'는 뜻이다. 3. 淸閑은 '마음이 맑고 한가롭다'는 뜻이다. 4. 沸는 '끓을 비' 5. '正如~'는 '바로(꼭) ~과 같다'의 뜻이다. 6. 人唾天은 '사람이 하늘에 대고 침을 뱉음을 뜻하다'는 뜻이다. 7. 還은 '도리어', 혹은 '되돌아와서'의 뜻으로 사용되었다. 8. 墜는 '떨어질 추'

8-9: 내가 만약 남에게서 욕설을 듣더라도 거짓으로 귀먹은 체하고 시비(是非)를 가리려고 하지 말라. 비유하건대 이는 불이 허공에서 타다가 끄지 않아도 저절로 꺼지는 것과 같다. 내 마음은 아무것도 없는 허공과 같거늘, 모두 너의 입술과 혀만이 쉬지 않고 엎쳤다 뒤쳤다 할 뿐이다(나불댈 뿐이다).

我若被人罵(아약피인매), 佯聾不分說(양롱불분설), 譬如火燒空(배여화소공), 不救自然滅(불구자연멸), 我心等虛空(아심등허공), 摠爾飜脣舌(총이번순설).

(字義) 1. 被人賣는 '남에게 매도되다'는 뜻이다. 2. 佯은 '거짓으로 ~인 체하다'의 뜻이다. 3. 聾은 '귀머거리 롱' 4. 不分說은 '따지고 대들지 않음'의 뜻이다. 5. 譬는 '비유할 비', '譬如~'는 '비유컨대 ~와 같다'는 의미로 자주 쓰인다. 6. 救火는 '불을 끈다'는 의미로 자주 쓰인다. 7. 飜은 '뒤집을 번' 8. 脣은 '입술 순'

8-10: 모든 일에 인정(人情)을 남기면 훗날 만났을 때 서로 좋은 낯으로 보게 된다.

凡事留人情(범사류인정), 後來好相見(후래호상견).

인격함양의 이상과 전인교육

9. 근학편(勤學篇): 학문에 힘쓰라

9-1: 공자가 말하기를, "널리 배우고 뜻을 독실하게 하며, 간절하게 묻고 구체적인 일상에서 생각하면 인(仁)은 그 가운데에 있다."

子曰(자왈), 博學而篤志(박학이독지), 切問而近思(절문이근사), 仁在其中矣(인재기중의).

(字義) 1. 博은 '넓을 박', 博學은 '넓게 배운다'는 뜻이다. 2 篤은 '도타울 독', 篤志는 '뜻을 독실하게 세우다'는 뜻이다. 3. 切은 '간절할 절', 切問은 '문제의 핵심을 절실하게 묻다'는 뜻이다. 4. 近思는 '스스로 생각하고 행동한다'는 뜻이다. 5. 矣는 종결형 어조사

9-2: 장자(莊子)가 말하기를, "사람이 배우지 않는 것은 하늘에 오르려고 하면서도 아무런 재주가 없는 것과 같고, 배워서 지혜가 원대해진 것은 상서로운 구름을 헤치고 푸른 하늘을 보는 것과 같고, 높은 산에 올라 사해를 바라보는 것과 같다."

莊子曰(장자왈), 人之不學(인지불학), 如登天而無術(여등천이무술), 學而智遠(학이지원), 如披祥雲而覩青天(여피상운이도청천), 登高山而望四海(등고산이망사해).

(字義) 1. 如는 '~와 같다'는 뜻이다. 2. 披는 '헤칠 피' 3. 覩는 '볼 도'

▶ 공자는 "뒷동산에 올라보니 노나라도 작고, 태산에 올라보니 천하가 작더라."라고 하였는데, 이는 학문이 높아질수록 시야가 넓어져 매사를 분명하게 알 수 있다는 의미로 이해될 수 있다. 당나라 시인 두보도 태산을 보면서 지은 시(詩)에 "한 번 바라보매 뭇 산이 작다(一覽衆山小)."라고 하였다. 이 시(詩) 역시 학문이 깊어지면 시야가 넓어져 사물을 깊이 이해할 수 있음을 말하고 있다.

9-3: 『예기(禮記)』에 이르기를, "옥도 다듬지 않으면 그릇이 되지 못하고, 사람은 배우지 않으면 옳음을 알지 못한다."

禮記曰(예기왈), 玉不琢(옥불탁), 不成器(불성기), 人不學(인불학), 不知義(부지의).

(字義) 1. 예기(禮記)는 주(周)나라 말기로부터 진한(秦漢)시대까지의 제도 및 예법 등을 수록한 책으로 오경(五經)의 하나이다. 2. 琢은 '쪼을 탁' 3. 成器는 '그릇을 이루다' 즉, '그릇이 되다'는 뜻이다.

▶ 배움의 과정을 옥돌을 다듬는 것에 비유하고 있다. 우리 속담에 "구슬이 서 말이라도 꿰어야 보배"라는 말이 있다. 아무리 귀한 보석일지라도 가공해서 마무리를 잘 해야 귀하게 되듯이, 아무리 훌륭한 자질을 가졌다고 하더라도 자르고 다듬고 갈고 닦는(切磋琢磨)과정을 거쳐야만 훌륭한 인재가 될 수 있다. 이 옥을 다듬는 과

정을 통해서 학문의 중요성을 강조하고 있다.

9-4: 태공이 말하기를, "사람이 태어나서 학문에 힘쓰지 않으면 마치 깜깜한 밤길을 걷는 것과 같다."

太公曰(태공왈), 人生不學(인생불학), 冥冥如夜行(명명여야행).

(字義) 1. 冥은 '어두울 명'

9-5: 한문공(韓文公)이 말하기를, "사람이 고금(古今)의 이치를 알지 못하면 말이나 소에 옷을 입힌 것과 같다."

韓文公曰(한문공왈), 人不通古今(인불통고금), 馬牛而襟裾(마우이금거).

(字義) 1. 而는 두 문구를 이어주는 역할을 한다. 2. 襟은 '옷깃 금', 裾는 '옷자락 거', 여기서 금거(襟裾)는 술어로 사용되었다.

9-6: 주문공(朱文公)이 말하기를, "집이 만약 가난하더라도 가난 때문에 배우기를 그만두지 말아야 할 것이며, 만일 집이 부유하더라도 부유한 것을 믿고 학문함에 게을리하면 안 된다. 만약 가난한 자가 부지런히 배운다면 입신(인정받고 출세함)할 수 있을 것이요, 부유한 자가 부지런히 배운다면 이름이 곧 영광으로 빛날 것이다. 배운 사람이 훌륭하게 되

는 것은 보았으나, 배운 사람이 뜻을 이루지 못하는 것은 보지 못했다. 배움이란 곧 몸의 보배요, 배운 사람은 곧 세상의 보배이다. 그러므로 배우면 곧 군자가 되고 배우지 않으면 소인(小人)이 된다. 나중에 배우는 자는 마땅히 각각 힘써야 할 것이다."

朱文公曰(주문공왈), 家若貧(가약빈), 不可因貧而廢學(불가인빈이폐학), 家若富(가약부), 不可恃富而怠學(불가시부이태학), 貧若勤學(빈약근학), 可以立身(가이입신), 富若勤學(부약근학), 名乃光榮(명내광영). 惟見學者顯達(유견학자현달), 不見學者無成(불견학자무성), 學者乃身之寶(학자내신지보), 學者乃世之珍(학자내세지진). 是故(시고), 學則乃爲君子(학즉내위군자), 不學則爲小人(불학즉위소인), 後之學者(후지학자), 宜各勉之(의각면지).

(字義) 1. 朱文公은 朱子를 지칭한다. 2. 不可는 '~해서는 안 된다'의 뜻이 있다. 3. 因은 뒤 문장을 받아서 '~에서 기인하다'의 뜻이다. 4. 恃는 '믿을 시' 5. 宜는 '의당, 마땅히'의 뜻이다.

9-7: 휘종 황제(徽宗皇帝)가 말하기를, "배운 사람은 벼와 같지만, 배우지 않는 사람은 잡초와 같다. 벼 같은 자(배운 사람)는 나라의 좋은 양식이요 세상의 큰 보배이다. 잡초와 같은 자(배우지 않은 사람)는 밭을 가는 이가 미워하고 김을 매는 이가 귀찮아한다. 훗날 담(牆)을 대하고 서있는 것처럼 답답하지만 후회해도 이미 그때는 늙어버린 뒤일 것이다."

徽宗皇帝曰(휘종황제왈), 學者(학자), 如禾如稻(여화여도), 不學者(불

학자), 如蒿如草(여호여초), 如禾如稻兮(여화여도혜), 國之精糧(국지정량), 世之大寶(세지대보), 如蒿如草兮(여호여초혜), 耕者憎嫌(경자증혐), 鋤者煩惱(서자번뇌), 他日面墻(타일면장), 悔之已老(회지이로).

(字義) 1. 휘종 황제는 북송(北宋)때의 제 8대 임금이다. 2. 稻는 '벼 도' 3. 蒿는 '쑥 호' 4. 嫌은 '의심한다'는 뜻으로 사용되었다. 5. 鋤는 '김맬 서', 명사로는 '호미'라는 뜻이다. 6. 煩은 '번거로울 번' 7. 惱는 '번뇌할 뇌' 8. 墻은 '담 장', 面墻은 '담벽을 보고 선다'는 말로 무식함을 비유한 말이다. 9. 悔는 '뉘우칠 회'

9-8: 『논어』에 이르기를, "배우기를 부족한 듯이 하고, 오직 배운 것을 잃을까 걱정하라."

論語曰(논어왈), 學如不及(학여불급), 惟恐失之(유공실지).

▶ 이 구절은 배우는 자가 지녀야 할 태도를 말하고 있다. 배운 것을 모두 잘 안다고 자만해서는 안 된다. 언제나 부족한 것처럼 생각하고 배운 것을 잃지 않도록 노력해야 한다.

■ 권학편(勸學篇): 배움에는 반드시 때가 있다

주자(朱子)가 말하기를, "오늘 배우지 아니하고서 내일이 있다고 말하지 말며, 올해에 배우지 아니하고서 내년이 있다고 말하지 말라. 날과 달은 흐르니 세월은 나를 위하여 늦추지 않는다. 아! 늙었구나. 이 누구의 허물인가."

朱子曰(주자왈), 勿謂今日不學而有來日(물위금일불학이유래일), 勿謂今年不學而有來年(물위금년불학이유래년), 日月逝矣(일월서의), 歲不我延(세불아연), 嗚呼老矣(오호로의), 是誰之愆(시수지건).

(字義) 1. 이 구절은 朱子의 勸學文으로 아주 유명한 글이다. 2. 勿謂은 '말하지 말라'는 뜻이다. 3. 逝는 '갈 서' 4. 延은 '뻗칠 연', 歲不我延은 '세월은 나를 위해 더디 가지 않는다'는 뜻이다. 6. 嗚呼(오호)는 감탄사. 감탄하는 소리를 나타낸다. 7. 愆은 '허물 건'

소년은 늙기 쉽고 학문은 이루기 어려우니
잠시라도 소홀히 하지 말라.
아직 못가의 봄풀의 꿈에서 깨어나지 못했는데,
뜰 앞의 오동잎은 벌써 가을의 소리를 내는구나.

少年易老學難成(소년이로학난성),
一寸光陰不可輕(일촌광음불가경).
未覺池塘春草夢(미각지당춘초몽),

階前梧葉已秋聲(계전오엽이추성).

(字義) 1. 이 글 역시 朱子의 글이다. 2. 易老는 '늙기 쉽다'는 뜻이다. 3. 難成은 '이루기 어렵다'는 의미이다. 4. 一寸은 '아주 짧다'는 뜻이다. 5. 光陰은 '시간', '세월'을 뜻하는 한 단어이다. 6. 輕은 '~을 가볍게 여기다'는 뜻이다. 7. 覺은 '꿈깰 각' 8. 池는 '못 지' 9. 塘은 '못 당' 10. 池塘(지당)은 '조그맣게 만들어 놓은 연못'이란 뜻의 한 단어이다. 11. 階는 '섬돌 계', 섬돌은 말하자면 돌계단이다. 12. 梧는 '오동나무 오'

도연명(陶淵明)의 시에 이르기를,

"젊은 시절은 다시 오지 아니하고,
하루에는 새벽이 두 번 오지 않는다.
때가 되거든 마땅히 학문에 힘써라.
세월은 사람을 기다리지 않는다."

陶淵明詩云(도연명시운),
盛年不重來(성년부중래),
一日難再晨(일일난재신).
及時當勉勵(급시당면려),
歲月不待人(세월부대인).

(字義) 1. 도연명은 자(字)는 연명(淵明) 또는 원량(元亮), 이름은 잠(潛)이고, 시호는 정절선생(靖節先生)이다. 동진(東晋)·송대(宋代)의

뛰어난 시인으로 『도화원기』『귀거래사(歸去來辭)』로 유명하다. 2. 盛은 '성(盛)할 성' 3. 年은 '나이 년' 4. 盛年은 '혈기가 왕성한 한창 나이'를 뜻하는 한 단어이다. 5. 重은 부사로, '거듭 중' 6. 晨은 '새벽 신', 여기서는 '날이 새다'로 해석된다. 7. 及時는 '때에 이르러'라는 뜻이다. 즉, 의미상 '젊은 나이에'로 해석했다. 8. 當은 '마땅히 당' 9. 勉은 '힘쓸 면' 10. 勵는 '힘쓸 려' 11. 待는 '대할 대', '대접할 대'

순자가 말하기를, "반걸음도 나아가지 아니하고 천리에 이르지 못하며, 작은 물줄기가 모이지 않으면 큰 강을 이룰 수 없다."

荀子曰(순자왈), 不積蹞步(부적규보), 無以至千里(무이지천리), 不積小流(부적소류), 無以成江河(무이성강하).

(字義) 1. 蹞는 '반걸음 규', 蹞步는 '반걸음'이란 뜻의 한 단어이다. 2. 至는 '이를 지', '~에 이르다'의 뜻이다.

10. 훈자편(訓子篇): 자식을 가르쳐라

10-1: 『경행록』에 이르기를, "손님이 찾아오지 않으면 집안이 저속해지고, 시서(詩書: 詩經과 書經)를 가르치지 않으면 자손이 어리석어진다."

景行錄云(경행록운), 賓客不來(빈객불래), 門戶俗(문호속), 詩書無敎(시서무교), 子孫愚(자손우).

(字義) 1. 門戶는 비유적으로 집안을 뜻한다. 2. 詩는 『시경(詩經)』을, 書는 『서경(書經)』을 뜻한다. 3. 愚는 '어리석을 우'

▶ 공자가 말하기를 "친구가 먼 곳에서 찾아오니 어찌 기쁘지 아니한가?"라고 하였다. 친구와는 서로 인격을 도모할 수 있다. 위 구절에서 손님이 찾아온다는 것은 그 집안 사람이 학문이 있고 교양이 있어서 사람들로부터 존경을 받고 있음을 의미한다. 점잖은 손님의 출입이 없다면 그 집안은 보잘 것 없다. 그리고 자손들에게 반드시 학문을 닦게 해야 한다. 사람이 배우지 않으면 사물의 이치를 알지 못해 어리석어진다.

10-2: 장자(莊子)가 말하기를, "일이 비록 작더라도 하지 않으면 이루지 못할 것이요, 자식이 비록 어질더라도 가르치지 않으면 현명해지지 못한다."

莊子曰(장자왈), 事雖小(사수소), 不作不成(부작불성), 子雖賢(자수현), 不敎不明(불교불명).

(字義) 1. 雖는 '비록 수' 2. 賢은 '어질 현'

▶ 동양 전통 사회에 자녀 교육에 모범이 되는 사례로 맹자의 어머니가 맹자의 교육을 위해 세 번 이사했다는 '삼천지교(三遷之敎)'

가 유명하다. 맹자가 공동묘지 근처에 살 때에는 맹자는 묘지에서 일어나는 일을 흉내내어 곡하고 무덤 만드는 일만 하면서 놀았다. 맹자 어머니는 이곳은 자식을 기르기에는 적당하지 않다고 생각하여 시장 근처로 이사를 했다. 이번에는 맹자가 장사 놀이만 했다. 맹자의 어머니는 이곳도 자식 기를 곳이 아니라고 생각하여 학교 근처로 이사하였다. 그곳에서는 경건하게 제사 지내고 인사하는 등 몸가짐의 예법을 흉내 내면서 놀았다. 맹자의 어머니는 이곳이야말로 자식을 기를 수 있는 곳이라 생각하여 그곳에서 살았다. 맹자가 어렸을 때 이웃집에서 돼지 잡는 것을 보고 무엇하려는 것이냐고 묻자, 어머니는 무심코 "너에게 먹이려는 것이다." 라고 대답하고는 곧 후회하였다. 옛날에는 아기를 배 안에서부터 가르쳤다고 하거늘 이제 막 학문을 시작하는데 자식을 속인 것 같아서 그 돼지고기를 사서 맹자에게 먹였다. 이러한 가르침으로 인해 맹자는 자라서 대유학자가 될 수 있었다.

10-3: 『한서(漢書)』에 이르기를, "황금이 상자에 가득 차 있어도 자식에게 경서(經書) 한 권을 가르치는 것만 같지 못하고, 자식에게 천금을 물려준다 해도 재주(기술) 한 가지를 가르치는 것만 못하다."

漢書云(한서운), 黃金滿籯(황금만영), 不如教子一經(불여교자일경), 賜子千金(사자천금), 不如教子一藝 (불여교자일예).

(字義) 1. 漢書는 중국 후한(後漢)시대의 역사가 반고(班固)가 저술한 기전체(紀傳體)의 역사서로, 『사기(史記)』와 더불어 중국의 대표적 사

서(史書)이다. 2. 滿은 '~에 가득 차다' 3. 籯은 '상자 영' 4. 經은 '책 경' 5. 不如+서술절은 '~하는 것만 못하다'는 뜻이다. 6. 賜子은 '자식에게 주다'는 뜻이다.

10-4: 지극한 즐거움은 독서만한 것이 없고, 지극히 중요하기는 자식을 가르치는 것만 같음이 없다.

至樂(지락), 莫如讀書(막여독서). 至要(지요), 莫如教子(막여교자).

(字義) 1. 至는 '지극할 지' 2. 莫如는 '~만한 것이 없다'는 뜻이다. 3. 要는 여기서 명사로 쓰였다.

10-5: 여형공(呂滎公)이 말하기를, "집에서는 어진 어버이와 형제가 없고, 밖에서는 엄한 스승과 벗이 없이 성공한 사람은 적다."

呂滎公日(여형공왈), 內無賢父兄(내부현부형), 外無嚴師友(외무엄사우), 而能有成者(이능유성자), 鮮矣(선의).

(字義) 1. 여형공(呂滎公)은 북송(北宋)때의 학자이며 명신(名臣)으로 이름은 여희철(呂希哲), 자(字)는 원명(原明)이며, 형공(滎公)은 시호(謚號: 벼슬이나 관직에 있던 선비들이 죽은 뒤에 그 행적에 따라 왕으로부터 받은 이름)이다. 여공저(呂公著)의 아들로, 저서(著書)로는『여씨잡기(呂氏雜記)』가 있다. 2. 위 문장은 '內~~, 外~~'의 대구를 이룬다.

▶ 어려서는 가정에서 어버이나 형에게 배운다. 현명한 부형의 가르침은 인격 형성에 중요하다. 사회로 나아가기 위해 스승에게서 배운다. 스승은 엄하게 가르쳐야 하고, 배우는 이는 스승의 가르침에 순응해야 한다. 그리고 친구와 사귐도 중요하다. 친구는 나의 잘못을 충고해 주어 바람직한 방향으로 나아가게 해 준다. 사마광(司馬光)은 권학문(勸學文)에서 "자식을 기르되 가르치지 않으면 부모의 잘못이요, 가르치되 엄하지 않으면 스승의 게으름이다. 어버이가 가르치고 스승 엄함이 둘 다 잘못이 없는데, 학문이 이루어지지 않으면 자신의 잘못이다."라고 하였다.

10-6: **태공(太公)이 말하기를, "남자가 가르침을 받지 못하면 자라서 반드시 미련하고 어리석게 되며, 여자가 가르침을 받지 못하면 자라서 반드시 거칠고 솜씨가 없게 된다."**

太公曰(태공왈), 男子失教(남자실교), 長必頑愚(장필완우), 女子失教(여자실교), 長必麤疎(장필추소).

(字義) 1. 頑은 '완고할 완', '어리석을 완' 2. 麤은 '성길 추'

10-7: **남자가 성장하면 풍류나 술을 배우지 말게 하고, 여자가 성장하면 밖으로 놀러 다니지 않도록 하라.**

男年長大(남년장대), 莫習樂酒(막습악주), 女年長大(여년장대), 莫令

遊走(막령유주).

(字義) 1. 年은 '나이 년' 2. 樂은 '풍류 악' 3. 令은 '하여금 령', '~하게 하다'는 뜻이다.

10-8: 엄한 아버지는 효자를 길러내고, 엄한 어머니는 효녀를 길러낸다.

嚴父出孝子(엄부출효자), 嚴母出孝女(엄모출효녀).

10-9: 아이를 사랑하거든 엄격하게 대하고, 아이가 마음에 들지 않더라도 칭찬으로 훈육하라.

憐兒多與棒(연아다여봉), 憎兒多與食(증아다여식).

(字義) 1. 憐은 '불쌍히 여긴다'는 뜻이다. 2. 棒은 '몽둥이 봉' 3. 與는 '줄 여'

10-10: 사람들은 모두 값진 보석을 사랑하지만, 나는 자손이 어진 것을 사랑한다.

人皆愛珠玉(인개애주옥), 我愛子孫賢(아애자손현).

11-1. 성심편 상(省心篇 上): 마음을 살펴라

11-1-1: 『경행록』에 이르기를, "보물과 재화는 쓰면 다함이 있으나, 충효(忠孝)는 실천해도 끝이 없다."

景行錄云(경행록운), 寶貨(보화), 用之有盡(용지유진), 忠孝(충효), 享之無窮(향지무궁).

(字義) 1. 貨는 '재물 화' 2. 享은 '누릴 향' 3. 窮은 '궁할 궁'

11-1-2: 집안이 화목하면 가난해도 괜찮으나, 의롭지 않다면 부자인들 무엇 하겠는가? 효자 자식이 하나라도 있다면, 자손이 많은들 무슨 필요가 있겠는가?

家和貧也好(가화빈야호), 不義富如何(불의부여하), 但存一子孝(단존일자효), 何用子孫多(하용자손다).

(字義) 1. 如何는 '무엇과 같은가?', '어떠한가?'의 뜻이다. 2. 何用은 '~이 무슨 필요가 있으랴?'의 뜻이다.

11-1-3: 아버지가 근심하지 않는 것은 자식이 효성스럽기 때문이고, 남

편이 번뇌가 없는 것은 아내가 어질기 때문이다. 말이 많아 실수하는 것은 모두 술 때문이고, 의가 끊어지고 친한 사이가 멀어지는 것은 오직 돈 때문이다.

父不憂心因子孝(부불우심인자효), 夫無煩惱是妻賢(부무번뇌시처현), 言多語失皆因酒(언다어실개인주), 義斷親疎只爲錢(의단친소지위전).

(字義) 1. 不憂心은 '마음 걱정을 안한다'는 뜻이다. 2. 因은 뒤에 명사구(절)을 받아서 '~에서 기인하다'의 뜻이다. 3. 煩은 '마음이 시달리고 괴로워함'을 뜻한다. 4. 語失은 '말실수를 하다'는 뜻이다. 5. 是는 '~이다'의 뜻이다. 6. 爲는 '위할 위', 뒤에 명사(구)절을 받아서 '~때문이다'라고 해석된다.

11-1-4: **이미 적절하지 않는 즐거움을 얻었거든 모름지기 뜻밖의 근심을 막아야 한다.**

旣取非常樂(기취비상락), 須防不測憂(수방불측우).

(字義) 1. 須(수)는 '모름지기 ~해야 한다'의 뜻이다. 2. 測은 '헤아릴 측'

11-1-5: **사랑을 받음에 있어서는 욕될 일을 생각하고, 편안한 삶에 처하거든 위태할 것을 생각하라.**

得寵思辱(득총사욕), 居安慮危(거안려위).

(字義) 1. 寵은 '사랑할 총', 여기서는 명사로 쓰였다. 2. 慮는 '생각할 려'

▶ 사랑을 받지만 언제 욕될 일이 돌아올지 모르며, 편안함을 누리지만 언제 위험이 닥쳐올지 모른다. 사랑을 받을 때 비난 들을 것을 생각하고 편안함을 누릴 때 위험한 상황이 발생할 수 있음을 생각하면서 조심해야 한다.

11-1-6: 영화(榮華)가 가벼우면 욕됨도 얕고, 이익이 무거우면 손해도 깊다.

榮輕辱淺(영경욕천), 利重害深(이중해심).

11-1-7: 사랑함이 지나치면 반드시 소모함도 심하고, 칭찬이 심하면 반드시 헐뜯음도 심하며, 기쁨이 심하면 반드시 근심도 심하고, 뇌물 받음이 심하면 반드시 망함도 심하다.

甚愛必甚費(심애필심비), 甚譽必甚毁(심예필심훼), 甚喜必甚憂(심희필심우), 甚贓必甚亡(심장필심망).

(字義) 1. 甚은 '심할 심', 부사로도 자주 쓰인다. '매우, 심히'의 뜻이다. 2. 費는 '쓸 비' 3. 譽는 '기릴 예' 4. 贓은 '장물 장', '뇌물 받을 장'

11-1-8: 공자가 말하기를, "높은 벼랑을 내려다보지 않으면 어찌 굴러 떨어지는 근심을 알며, 깊은 연못에 임하지 않으면 어찌 물에 빠지는 환난을 알 것이며, 큰 바다에 들어가 보지 않으면 어찌 풍파(風波)의 환난을 알겠는가?"

子曰(자왈), 不觀高崖(불관고애), 何以知顚墜之患(하이지전추지환), 不臨深淵(불림심연), 何以知沒溺之患(하이지몰닉지환), 不觀巨海(불관거해), 何以知風波之患(하이지풍파지환).

(字義) 1. 崖는 '낭떠러지 애' 2. 何以는 '무엇으로서', '어떻게'의 뜻이다. 3. 顚은 '엎드러질 전' 4. 墜는 '떨어질 추' 5. 溺은 '빠질 닉'

11-1-9: 미래의 일을 알고자 하거든 먼저 지나간 일을 살펴보라.

欲知未來(욕지미래), 先察已往(선찰이왕).

(字義) 1. 已는 '이미 이' 2. 往은 '갈 왕'

11-1-10: 공자께서 말씀하시길 "밝은 거울은 얼굴을 살펴보는 수단이요, 지난 일은 현재를 알 수 있는 수단이다."

明鏡所以察形(명경소이찰형), 往古所以知今(왕고소이지금).

(字義) 1. 鏡은 '거울 경' 2. 所以+술어에서 所以는 '방법 또는 이유'로 해석한다. 3. 形은 명사로는 '모습 형', 술어로는 '나타날 형', 察形은 '형상을 살피다'의 뜻이다.

11-1-11: 지난 일은 밝은 거울과 같고, 미래의 일은 어둡기가 칠흑과 같다.

過去事(과거사), 如明鏡(여명경), 未來事(미래사), 暗似漆(암사칠).

(字義) 1. 漆은 '옻 칠', '검을 칠'

11-1-12: 『경행록』에 이르기를, "내일 아침의 일을 오늘 저녁 때에 반드시 알지 못하고, 오늘 저녁의 일을 오후에 반드시 알지 못한다."

景行錄云(경행록운), 明朝之事(명조지사), 薄暮不可必(박모불가필), 薄暮之事(박모지사), 晡時不可必(포시불가필).

(字義) 1. 明朝는 '내일 아침'이란 뜻이다. 2. 薄暮는 '땅거미가 질 무렵의 저녁 때'를 뜻한다. 3. 薄은 '엷을 박' 4. 晡는 '신시 포' (申時: 오후 3~5시정도) 5. 必은 '期必(기필코) ~하다'의 뜻이다.

11-1-13: 하늘에는 예측할 수 없는 비바람이 있고, 사람에게는 아침저녁으로 재앙과 복이 있다.

天有不測風雨(천유불측풍우), 人有朝夕禍福(인유조석화복).

▶ 하늘에 예측할 수 없는 비바람이 부는 것처럼 사람에게도 아침저녁으로 일어날 일을 알 수 없으니, 분수를 지키면서 착하게 살아야 한다.

11-1-14: 아직 석 자 되는 흙으로 돌아가기 전에는(죽지 않고서는) 백 년 동안 몸 보전하기가 어렵고, 이미 석 자가 되는 흙 속으로 돌아간 뒤에는 백 년 동안 무덤을 보전하기가 어렵다.

未歸三尺土(미귀삼척토), 難保百年身(난보백년신), 已歸三尺土(이귀삼척토), 難保百年墳(난보백년분).

(字義) 1. 難+술어는 '~하기 어렵다'는 뜻이다. 2. 墳은 '무덤 분'

▶ 사람은 살아있는 동안에 몸을 보전하기 어렵다. 나쁜 행위를 하여 사람들로부터 비난을 들을 수 있고, 형벌을 받을 수도 있다. 살아있을 때에만 그런 것은 아니다. 착하게 살다 죽으면 후손으로부터 칭송을 받지만 악하게 살다 죽으면 후손들로부터 비난을 듣는다.

11-1-15: 『경행록』에 이르기를, "나무를 잘 기르면 뿌리가 튼튼하고 가지와 잎이 무성해져 기둥과 대들보의 재목을 이루고, 물을 잘 다스리면 샘의 근원이 풍성해져 물줄기가 풍부하고 흐름이 길어서 전답에 물대

는 이익이 넓어지고, 사람을 잘 기르면 뜻과 기개가 뛰어나고 식견이 밝아서 충의의 선비가 나오니 어찌 잘 기르지 않을 것인가."

景行錄云(경행록운), 木有所養(목유소양), 則根本固而枝葉茂(즉근본고이지엽무), 棟樑之材成(동량지재성), 水有所養(수유소양), 則泉源壯而流派長(즉천원장이류파장), 灌漑之利博(관개지리박), 人有所養(인유소양), 則志氣大而識見明(즉지기대이식견명), 忠義之士出(충의지사출), 可不養哉(가불양재).

(字義) 1. 茂는 '무성할 무' 2. 棟은 '기둥 동' 3. 樑은 '들보 량', 梁과 같음 4. 壯은 '장할 장' 5. 派는 '물가닥 파' 6. 灌은 '물댈 관' 7. 漑는 '물댈 개' 8. 哉는 감탄형 어조사

11-1-16: 자기 자신을 믿는 자는 남도 또한 자기를 믿어주니, 오(吳)나라와 월(越)나라 같은 적국 사이라도 다 형제같이 될 수 있고, 스스로를 의심하는 사람은 남도 또한 의심하기 때문에 자기 이외에는 모두 적군이 된다.

自信者(자신자), 人亦信之(인역신지), 吳越皆兄弟(오월개형제). 自疑者(자의자), 人亦疑之(인역의지), 身外皆敵國(신외개적국).

(字義) 1. 吳越은 두 나라가 오랜 동안 적대국으로 싸워온 것을 두고 한 말한다. 사자성어에 오월동주(吳越同舟)란 말이 있다. 즉 '원수끼리 한배에 탔다'는 의미이다. 2. 疑는 '~을 의심하다'의 뜻이다.

▶ 자기 자신을 믿는 사람은 그 마음을 미루어 다른 사람도 믿을 수 있다. 그렇게 되면 남도 또한 그 사람을 믿게 되어 오월(吳越)과 같은 원수 사이도 형제처럼 지낼 수 있다. 그러나 자신을 믿지 못하는 사람은 다른 사람도 의심한다. 이런 사람은 모든 사람의 적이 될 수 있다.

11-1-17: 사람을 의심하거든 쓰지 말고, 사람을 쓰거든 의심하지 말라.

疑人莫用(의인막용), 用人勿疑(용인물의).

11-1-18: 『풍간(諷諫)』에 이르기를, "물밑에 있는 고기와 하늘가에 나는 기러기는 높은 하늘의 것은 쏘아 잡을 수 있고 낮은 물속의 것은 낚을 수 있으나, 오직 사람의 마음은 바로 곁에 있음에도 이 지척에 있는 사람의 마음은 헤아릴 수가 없구나."

諷諫云(풍간운), 水底魚天邊雁(수저어천변안), 高可射兮低可釣(고가사혜저가조), 惟有人心咫尺間(유유인심지척간), 咫尺人心不可料(지척인심불가료).

(字義) 1. 諷諫은 세상이나 인물을 풍자하고 비판한 글이다. 2. 底는 명사로 '밑 저', 低는 술어로는 '낮을 저' 3. 雁은 '기러기 안' 4. 釣는 '낚을 조' 5. 兮는 두 문장이 대구를 이룰 때 주로 쓰이는 감탄형 어조사이다. 6. 料는 '헤아릴 료' 7. 咫尺人心不可料를 직역하자면, '지척의 사람 마

음을 헤아리는 것이 不可하다'의 뜻이다.

11-1-19: 호랑이를 그릴 때에 가죽은 그릴 수 있으나 뼈는 그리기 어렵고, 사람을 알고자 할 때 얼굴은 알지만 마음은 알 수 없다

畵虎畵皮難畵骨(화호화피난화골), 知人知面不知心(지인지면부지심).

(字義) 1. 畵는 '그림 화', 술어로는 '그릴 화' 2. 難+술어는 '~하기 어렵다'는 뜻이다.

11-1-20: 얼굴을 맞대고 서로 이야기하지만, 마음은 수많은 산을 사이에 두고 있는 것처럼 멀리 떨어져 있구나.

對面共話(대면공화), 心隔千山(심격천산).

(字義) 1. 對는 '대할 대', '마주볼 대' 2. 共은 부사로 사용해 '함께'의 뜻으로 사용된다. 3. 隔은 '막힐 격', '~을 격(隔)하다', '~에 가로 막혀 있다'의 뜻이다.

11-1-21: 바다는 마르면 마침내 그 바닥을 볼 수 있지만, 사람은 죽어도 그 마음을 알지 못한다.

海枯終見底(해고종견저), 人死不知心(인사부지심).

(字義) 1. 枯는 '마를 고' 2. 終은 부사로 '마침내', '끝내'의 뜻이다.

11-1-22: 태공(太公)이 말하기를, "무릇 사람은 앞질러 점칠 수 없고, 바닷물은 말(斗)로 그 양을 잴 수 없다."

太公曰(태공왈), 凡人不可逆相(범인불가역상), 海水不可斗量(해수불가두량).

(字義) 1. 凡은 '모든 범' 2. 相은 '볼 상', '바탕 상' 3. 量은 '헤아릴 량' 4. 不可+술어로 사용되어 '~하는 것은 불가하다', '~할 수 없다', '~해서는 안 된다'의 뜻이다.

11-1-23: 『경행록』에 이르기를, "다른 사람과 원수를 맺는 것을 일러 재앙의 씨를 심는 것이라 하고, 선한 것을 버리고 행하지 않는 것을 스스로를 해치는 것이라 한다."

景行錄云(경행록운), 結怨於人(결원어인), 謂之種禍(위지종화) 捨善不爲(사선불위), 謂之自賊(위지자적).

(字義) 1. 種은 명사로는 '씨 종', 술어로는 '심을 종' 2. 捨는 '버릴 사' 3. 賊은 명사로는 '도적 적', 술어로는 '해칠 적'

11-1-24: 만약 한쪽 편의 말만 들으면 문득 서로 간의 사이가 멀어짐을 볼 것이다.

若聽一面說(약청일면설), 便見相離別(변견상리별).

(字義) 1. 便은 '문득, 곧, 별안간, 불현듯'의 뜻이다.

11-1-25: 배부르고 따뜻하면 음탕한 욕심이 생기고, 굶주리고 추우면 도의심(道義心)이 싹튼다.

飽煖思淫慾(포난사음욕), 飢寒發道心(기한발도심).

(字義) 1. 飽는 '배부를 포' 2. 煖은 '따뜻할 난' 3. 飢는 '주릴 기', 饑와 같다. 3. 發은 '일으킬 발'

11-1-26: 소광(疎廣)이 말하기를, "어진 사람이 재물이 많으면 그 뜻을 손상시키고, 어리석은 사람이 재물이 많으면 그의 허물을 더한다."

疎廣日(소광왈), 賢人多財則損其志(현인다재즉손기지), 愚人多財則益其過(우인다재즉익기과).

(字義) 1. 損은 '덜 손', '손해·손상을 주다'는 뜻이다. 2. 其는 賢人과 愚人을 각각 받는 소유격 대명사이다. 3. 益은 '더할 익'

11-1-27: 사람이 궁핍하면 지각이 짧아지고, (부유해져) 여유가 생기면 생각이 영특해진다.

人貧智短(인빈지단), 福至心靈(복지심령).

(字義) 1. 靈은 술어로는 '신통할 령', '영통할 령' 2. 至는 '이를 지'

11-1-28: 한 가지 일을 경험하지 않으면 한 가지 지혜가 자라지 못한다.

不經一事(불경일사), 不長一智(불장일지).

(字義) 1. 經은 '지날 경', 즉, '~을 지나다, ~을 겪다, ~을 경험하다'의 뜻이다. 2. 長은 술어로는 '~을 기르다'의 뜻이 있다.

11-1-29: 시비가 하루 종일 있을지라도 듣지 않으면 저절로 없어진다.

是非終日有(시비종일유), 不聽自然無(불청자연무).

(字義) 1. 終日은 '하루를 마치다'의 뜻이다.

11-1-30: 찾아와서 시시비비에 대해 논하는 사람은, 그가 곧 시비를 거는 사람이다.

來說是非者(내설시비자), 便是是非人(변시시비인).

(字義) 1. 便은 '곧 변', '문득 변' 2. 便是는 '곧(문득, 별안간, 불현듯) ~ 이다'의 뜻이다.

11-1-31: 『격양시』에 이르기를, "평생에 눈썹 찌푸리는 일을 하지 않으면 세상에 이를 갈면서 원망할 사람이 없을 것이다. 큰 이름을 어찌 완고한(보잘 것 없는) 돌에다 새길 것인가. 길가는 사람들의 입이 비석보다 낫다."

擊壤詩云(격양시운), 平生不作皺眉事(평생부작추미사), 世上應無切齒人(세상응무절치인). 大名豈有鐫頑石(대명기유전완석), 路上行人口勝碑(노상행인구승비).

(字義) 1. 皺는 '주름질 추' 2. 眉는 '눈섭 미' 3. 應(응)을 '응당(應當), 마땅히'의 뜻이다. 4. 切은 '끊을 절', 切齒란 '몹시 분하여 이를 갈고 있다'는 뜻의 한 단어이다. 5. 名은 단순히 '이름'이란 뜻 외에, '명성, 명예'의 뜻으로도 확장되어 쓰인다. 6. 豈는 '어찌 기' 7. 鐫은 '새길 전' 8. 頑은 '완고할 완', '어리석을 완' 9. 勝은 '이길 승', '나을 승'

11-1-32: 사향을 지녔으면 저절로 향기를 풍기거늘 어찌 반드시 바람을 맞아하여 서랴

有麝自然香(유사자연향), 何必當風立(하필당풍립).

(字義) 1. 麝는 '사향노루 사' 2. 何必은 관용적인 표현으로 '어찌 반드시'의 뜻이다. 3. 當은 부사로는 '마땅히, 응당'의 뜻이고, 술어로는 '(상황, 때, 처지 등등)~을 당하다', '~에 닥치다'의 뜻이다.

11-1-33: 복이 있어도 다 누리지 말라. 복이 다하면 몸이 빈궁해진다. 권세가 있어도 함부로 부리지 말라. 권세가 다하면 원수를 만나게 된다. 복이 있거든 늘 스스로 아끼고 권세가 있거든 항상 스스로 겸손하도록 하라. 사람이 살면서 교만과 사치는 시작은 있으나 끝이 없다.

有福莫享盡(유복막향진), 福盡身貧窮(복진신빈궁).
有勢莫使盡(유세막사진), 勢盡寃相逢(세진원상봉).
福兮常自惜(복혜상자석), 勢兮常自恭(세혜상자공).
人生驕與侈(인생교여치), 有始多無終(유시다무종).

(字義) 1. 窮은 '궁할 궁' 2. 寃은 '원통할 원', 주로 '원통(寃痛)하다'는 뜻으로 쓰이지만, 명사로 '원수'란 뜻도 있다. 3. 兮는 주로 대구를 이루는 명사(구) 뒤에 붙여서 감탄형으로 쓰인다. 4. 恭은 '공순할 공' 5. 驕는 '교만할 교' 6. 侈는 '사치할 치' 7. 與(여)는 술어로는 ①~을 주다 ②~와 더불다. 8. 多+명사(구)는 '~이 많다'의 뜻이다.

11-1-34: 왕참정(王參政)의 『사류명(四留銘)』에 이르기를, "나머지를 두

어 재주를 다 쓰지 않았다가 조물주에게 돌려주고, 나머지를 두어 봉록(녹봉)을 다 쓰지 않았다가 조정에 돌려주고, 나머지를 두어 재물을 다 쓰지 않았다가 백성에게 돌려주며, 나머지를 두어 복을 다 누리지 않았다가 자손에게 돌려주어라."

王參政四留銘曰(왕참정사류명왈), 留有餘不盡之巧(유유여부진지교), 以還造物(이환조물), 留有餘不盡之祿(유유여부진지복), 以還朝廷(이환조정), 留有餘不盡之財(유유여부진지재), 以還百姓(이환백성), 留有餘不盡之福(유유여부진지복), 以還子孫(이환자손).

(字義) 1. 왕참정(王參政)은 북송(北宋)때의 정치가이며, 이름은 단(旦)이다. 참정(參政)은 종이품(從二品)의 관직이다. 2. 留는 '~을 유보하다', '~을 남겨두다', '~을 두다'의 뜻이다. 3. 巧는 '재주 교' 4. 祿은 '봉록 록', 옛날 벼슬아치들이 받는 녹봉(祿俸), 즉 지금의 '봉급'을 말한다.

▶ 복이 있어 재산을 많이 가지고 있더라도 낭비하면 가난하게 된다. 부유할 때 근검절약하고 가난한 사람을 도와주면 부를 오래 누릴 수 있고, 권력을 가졌을 때에 겸손하면 이름을 더럽히지 않을 것이다.

11-1-35: 황금 천량이 귀한 것이 아니라 남의 좋은 말 한 마디 듣는 것이 천금보다 낫다.

黃金千兩未爲貴(황금천냥미위귀), 得人一語勝千金(득인일어승천금).

(字義) 1. 得은 德과 통용된다. 2. 勝은 '이길 승', '나을 승'

11-1-36: 재주 있는 사람은 재주 없는 사람의 종이 되고, 괴로움은 즐거움의 근본이 된다.

巧者拙之奴(교자졸지노), 苦者樂之母(고자락지모).

(字義) 1. 拙은 '졸렬할 졸', 巧와 대비되는 말이다.

▶ 재주 없는 사람은 재주 있는 사람이 만들어 놓은 물건을 사용하므로 재주 있는 사람을 종이라고 하였다. 어려운 상황을 극복하고 성공한다면 괴로움은 성공의 동인이 된다.

11-1-37: 작은 배는 무거운 짐을 견디기 어렵고, 깊은 오솔길은 홀로 다니지 말아야 한다.

小船難堪重載(소선난감중재), 深逕不宜獨行(심경불의독행).

(字義) 1. 堪은 '견딜 감' 2. 逕은 '좁은길 경' 3. 宜는 부사로 사용되어 '의당, 마땅히'의 뜻이다.

11-1-38: 황금이 귀한 것이 아니라 편안하고 즐거움이 보다 값진 것이다.

黃金未是貴(황금미시귀), 安樂値錢多(안락치전다).

(字義) 1. 値는 명사로는 '값 치', 술어로는 '만날(遇) 치', '당(當)할 치' 이다. 위 문장에서는 술어로 보는 것이 옳다. 2. 錢은 '돈 전'

11-1-39: 집에서 손님을 맞아 대접할 줄 모르면, 밖에 나가서 다른 집에 손님으로 가 보아야 비로소 (자신을 맞아주는) 주인이 적은 줄 알게 된다.

在家不會邀賓客(재가불회료빈객), 出外方知少主人(출외방지소주인).

(字義) 1. 邀는 '맞을 요' 2. 少+명사(구)는 '~이 적다' 3. 方은 '바야흐로 방'

11-1-40: 가난하면 번잡한 시장거리에 살아도 서로 아는 사람이 없고, 부유하면 깊은 산중에 살아도 먼 곳에서 찾아오는 친구가 있다.

貧居鬧市無相識(빈거뇨시무상식), 富住深山有遠親(부주심산유원친).

(字義) 1. 居는 '살 거' 2. 鬧는 '시끄러울 뇨' 3. 親은 ①친할 친 ②어버이 친 ③친척 친 ④(부사로는) 친히 친, 위 문장에서 遠親은 먼 곳의 친구 또는 먼 곳의 친척, 그 어느 것으로 봐도 무방하다.

11-1-41: 사람의 의리는 다 가난한 데서 끊어지고, 세상의 인정은 곧 돈 있는 집으로 몰린다.

人義(인의), 盡從貧處斷(진종빈처단), 世情(세정),便向有錢家(변향유전가).

(字義) 1. 盡은 ①다할 진 ②모두 진 2.從은 '~로부터'의 뜻이다. 3. 便은 '문득 변', '곧 변' 4. 向은 '향할 향'

11-1-42: 차라리 밑 빠진 항아리는 막을 수 있어도 코 아래 가로놓인 입은 막기 어렵다.

寧塞無底缸(영색무저항), 難塞鼻下橫(난색비하횡).

(字義) 1. 寧은 '차라리 녕' 2. 塞은 '막을 색' 3. 缸은 '항아리 항' 4.橫은 '가로 횡', '빗길 횡' 5. 難+술어는 '~하기 어렵다'

11-1-43: 사람의 정(人情)은 다 군색한 가운데서 멀어지게 된다.

人情(인정), 皆爲窘中疎(개위군중소).

(字義) 1. 爲는 '될 위' 2. 窘은 '군색할 군' 3. 疎는 '성길 소'로 (친함이) '소원해지다'의 뜻이다.

11-1-44: 『사기(史記)』에 이르기를, "하늘에 제사 지내고 사당에 제례를 올릴 때에도 술이 아니면 제물을 받지 않을 것이요, 임금과 신하, 벗과 벗 사이에도 술이 아니면 의리가 두터워지지 않을 것이며, 싸운 후에 서로 화해함에도 술이 아니면 권하지 못할 것이다. 그러므로 술에는 성공과 실패가 있으니 함부로 마시면 안 된다."

史記曰(사기왈), 郊天禮廟(교천예묘), 非酒不享(비주불향), 君臣朋友(군신붕우), 非酒不義(비주불의), 鬪爭相和(투쟁상화), 非酒不勸(비주불권), 故酒有成敗而不可泛飮之(고주유성패이불가범음지).

(字義) 1. 郊는 지금은 주로 '들 교'의 뜻으로만 쓰이나 옛날엔 성곽 밖의 들로 나가 하늘에 제사를 지낸다는 의미로도 쓰였다. 2. 禮도 여기서는 술어로 쓰였다. 3. 廟는 '사당 묘' 4. 勸은 '권할 권' 5. 泛은 '엎어질 봉' 6. 不可+술어는 '~하는 것은 불가(不可)하다', '~할 수 없다', '~해서는 안 된다'는 뜻이다.

11-1-45: 공자가 말하기를, "선비가 도에 뜻을 두면서도 나쁜 옷을 입고 나쁜 음식을 먹는 것을 부끄럽게 여기는 자는 함께 상의할 사람이 못 된다."

子曰(자왈), 士志於道而恥惡衣惡食者(사지어도이치악의악식자), 未足與議也(미족여의야).

(字義) 1. 志는 於와 붙어서 '(~에) 뜻을 두다'의 뜻이다. 2. 恥는 명사

로는 '부끄러움, 수치'의 뜻이고, 술어로는 '~을 부끄럽게(수치스럽게) 여기다'의 뜻이다. 3. 足以+술어는 '~하기에 족하다', '충분히 ~할 수 있다'의 뜻이다.

11-1-46: 순자가 말하기를, "선비가 벗을 시기하면 어진 벗과 친해질 수 없고, 임금이 신하를 시기하면 어진 신하가 오지 않는다."

荀子曰(순자왈), 士有妬友則賢交不親(사유투우즉현교불친), 君有妬臣則賢人不至(군유투신즉현인부지).

(字義) 1. 妬는 '투기할 투' 2. 則 앞의 문장은 가정으로 해석한다. 3. 親은 '친할 친'

11-1-47: 하늘은 복록(福祿)이 없는 사람을 내지 않고, 땅은 이름 없는 풀을 기르지 않는다.

天不生無祿之人(천불생무록지인), 地不長無名之草(지부장무명지초).

(字義) 1. 祿은 '복록(福祿)', '녹봉(祿俸)' 2. 生은 타동사로는 ①~에 살다. ②~을 낳다, ~을 생기게 하다. 3. 長은 ①오래되다, 길다 ②~을 기르다 ③~의 우두머리가 되다.

11-1-48: 큰 부자는 하늘에 달려 있고, 작은 부자는 근면함에 달려 있다.
大富由天(대부유천), 小富由勤(소부유근).

(字義) 1. 由+명사(구)는 '~에서 말미암다'의 뜻이다. 2. 勤은 '부지런할 근'

11-1-49: 가문을 세울 아이는 똥(거름) 아끼기를 금같이 하고, 집을 망칠 아이는 돈 쓰기를 똥같이 한다.

成家之兒(성기지아), 惜糞如金(석분여금), 敗家之兒(패가지아), 用金如糞(용금여분).

(字義) 1. 糞은 '똥 분'

11-1-50: 소강절 선생이 말하기를, "한가롭게 살 때 삼가 아무런 걱정할 것이 없다고 말하지 말라. 걱정할 것이 없다는 말이 입에서 나오는 순간 걱정거리가 생긴다. 입에 맞는 음식이라고 해서 많이 먹으면 병을 만들 것이요, 마음에 상쾌한 일이라고 해서 지나치게 하면 반드시 재앙이 있게 된다. 병이 난 후에 약을 먹는 것은 병이 나기 전에 스스로 조심하는 것만 못하다."

康節邵先生曰(강절소선생왈), 閑居愼勿說無妨(한거신물설무방), 纔說無妨便有妨(재설무방변유방), 爽口勿多能作疾(상구물다능작질), 快心事過必有殃(쾌심사과필유앙), 與其病後能服藥(여기병후능복약),

不若病前能自防(불약병전능자방).

(字義) 1. 閑居는 '편하게 지내다'의 뜻이다. 2. 愼은 '삼갈 신' 3. 妨은 '방해될 방', '꺼릴 방' 4. 纔는 '겨우 재' 5. 便은 '문득 변', '곧 변' 6. 爽은 '상쾌할 상' 7. 過는 '지나치다, 과하다, 과도하다' 8. 殃은 '재앙 앙' 9. 不若은 '~하는 만 못하다'는 뜻이다.

11-1-51: 재동제군(梓潼帝君)이 훈계하여 말하기를, "신묘한 약이라도 원한으로 생긴 병은 고치기 어렵고, 뜻밖에 생기는 재물도 운수가 궁한 사람을 부자로 만들 수는 없다. 일을 생기게 하고 나서 일이 생기는 것을 그대는 원망하지 말며, 남을 해치고 나서 남이 자기를 해치는 것을 그대는 성내지 말라. 천지간에 모든 일은 다 갚음이 있으니 그 갚음이 멀면 자손에게 있고 가까우면 자기 몸에 있다."

梓潼帝君垂訓曰(재동제군수훈왈),
妙藥難醫冤債病(묘약난의원채병),
橫財不富命窮人(횡재불부명궁인).
生事事生君莫怨(생사사생군막원),
害人人害汝休嗔(해인인해여휴진).
天地自然皆有報(천지자연개유보),
遠在兒孫近在身(원재아손근재신).

(字義) 1. 재동제군(梓潼帝君)은 도교(道敎)에서 신봉하는 신으로 祿星(녹성), 괴성(魁星), 문창제군(文昌帝君)이라고도 한다. 2. 難+술어

는 '~하기 어렵다'의 뜻이다. 3. 醫는 술어로 '고칠 의'의 뜻이다. 4. 寃은 '원통할 원' 5. 債는 '빚 채' 6. 橫은 '빗길 횡' 7. 橫財은 '뜻하지 않게 얻은 재물'을 말한다. 8. 君은 '그대 군' 9. 汝는 '너 여'

11-1-52: 꽃은 지었다 피고, 피었다 또 진다. 비단 옷도 다시 베옷으로 바꿔 입을 수 있다. 호화로운 집이라도 반드시 언제나 부귀한 것은 아니며, 가난한 집이라도 반드시 항상 적적하고 쓸쓸한 것은 아니다. 사람을 붙들어 올려줘도 반드시 하늘에 오르게 할 수는 없는 것이고, 사람을 밀어뜨려도 반드시 깊은 구렁에 굴러 떨어지지는 않는다. 그대에게 권고하니, 어떤 일이든 하늘을 원망하지 말라. 하늘의 뜻은 사람에게 후하고 박함이 없다.

花落花開開又落(화락화개개우락),
錦衣布衣更換着(금의포의갱환착).
豪家未必常富貴(호가미필상부귀),
貧家未必長寂寞(빈가미필장적막).
扶人未必上靑霄(부인미필상청소),
推人未必塡溝壑(추인미필전구학).
勸君凡事莫怨天(권군범사막원천),
天意於人無厚薄(천의어인무후박).

(字義) 1. 開又落은 '피고 또 지다'는 뜻이다. 2. 布衣는 베로 만든 옷이다. 금의(錦衣)와 대구를 이룬다. 3. 更은 '다시 갱' 4. 換은 '바꿀 환' 5. 着은 '입을 착' 6. 未必+술어는 '반드시 ~하지 않는다'의 뜻이다. 7. 長은 위 문장에서는 시간의 개념으로 쓰였다. 8. 寂은 '고요할 적'

9. 寞은 '쓸쓸할 막' 10. 扶는 '붙들 부' 11. 上은 술어로 '~에 오르다'의 뜻이다. 12. 霄는 '하늘 소' 13. 推는 '밀 추', '~을 밀다', '미루다' 14. 塡은 '메울 전' 15. 溝는 '도랑 구' 16. 壑은 '골(谷) 학' 17. 溝壑(구학)은 '구덩이, 구렁텅이, 도탄'

11-1-53: 사람의 마음이 독하기가 뱀과 같음을 한탄하여 마지않는다. 누가 하늘의 눈이 수레바퀴처럼 돌아가고 있음을 알겠는가. 지난해에 망령되게 동쪽 이웃의 물건을 탐내어 가져왔더니 오늘은 어느덧 북쪽 집으로 돌아갔구나. 의롭지 않은 돈과 재물은 끓는 물에 눈을 뿌리는 것과 같이 없어질 것이요, 뜻밖에 얻어진 전답은 물에 밀려온 모래와 같다(언제 또다시 밀려갈 줄 모른다). 만약 교활한 속임수로서 생활하는 방법을 삼는다면 그것은 마치 아침에 피었다가 저녁에 지는 꽃과 같이 오래 가지 못할 것이다.

堪歎人心毒似蛇(감탄인심독사사).
誰知天眼轉如車(수지천안전여거).
去年妄取東隣物(거년망취동린물),
今日還歸北舍家(금일환귀북사가).
無義錢財湯潑雪(무의전재탕발설),
儻來田地水推沙(당래전지수추사).
若將狡譎爲生計(약장교휼위생계),
恰似朝開暮落花(흡사조운모락화).

(字義) 1. 堪은 '견딜 감', 堪歎은 '능히 한탄스럽다'는 뜻이다. 2. 似

는 '같을 사' 3. 誰知는 '누가 알랴?'의 뜻이다. 4. 轉은 '구를 전' 5. 潑은 '물 뿌릴 발' 6. 儻은 '문득 당' 7. 將은 '~을 가지고서'의 뜻으로 쓰였다. 8. 狡는 '교활할 교' 9. 譎은 '속일 휼', 여기서는 명사로 쓰였다. 10. 爲는 '~으로 삼다, ~으로 여기다'의 뜻이다. 11. 恰은 '흡사할 흡'

11-1-54: 재상의 목숨을 고칠 수 있는 약은 없고, 돈은 있어도 자손의 어질고 현명함은 사지 못한다.

無藥可醫卿相壽(무약가의경상수), 有錢難買子孫賢(유전난매자손현).

(字義) 1. 醫는 ①의원 의 ②고칠 의 2. 相은 '재상(宰相)'을 뜻한다.

11-1-55: 하루동안 마음이 깨끗하고 편안하다면 그 하루 동안은 신선이 되는 것이다.

一日淸閑(일일청한), 一日仙(일일선).

(字義) 1. 淸閑은 '마음이 맑고 한가하다'는 뜻이다.

11-2. 성심편 하(省心篇 下): 마음을 살펴라

11-2-1: 진종황제(眞宗黃帝)가 지은 글에 이르기를, "위태로움을 알고 험한 것을 알면 끝내 법의 그물(法網)에 걸리는 일이 없고, 착하고 어진 사람을 천거하면 스스로 몸이 편안한 길이 있을 것이다. 인(仁)을 베풀고 덕(德)을 펴는 것은 곧 대대로 번영을 가져올 것이다. 시기하는 마음을 품고 원한을 갚으면 자손에게 근심을 끼친다. 남을 해롭게 하고 나를 이롭게 한다면 마침내 현달하는 자손이 없을 것이다. 뭇사람을 해치면서까지 자기 집을 번성하게 한다면 어찌 그 부귀가 오래 가겠는가. (죄를 지어) 이름을 바꾸고 (목을 베는 형벌에 처해져 머리와) 몸을 달리함은 모두 교묘한 말로 인하여 생기는 것이고, 재앙이 일어나 몸이 상하게 됨은 다 어질지 못하기 때문에 생긴다."

眞宗皇帝御製曰(진종황제어제왈), 知危識險(지위식험), 終無羅網之門(종무라망지문), 擧善薦賢(거선천현), 自有安身之路(자유안신지로). 施仁布德(시인포덕), 乃世代之榮昌(내세대지영창). 懷妬報寃(회투보원), 與子孫之爲患(여자손지위환). 損人利己(손인리기), 終無顯達雲仍(종무현달운잉). 害衆成家(해중성가), 豈有長久富貴(기유장구부귀). 改名異體(개명이체), 皆因巧語而生(개인교어이생), 禍起傷身(화기상신), 皆是不仁之召(개시불인지소).

(字義) 1. 진종황제는 송(宋)나라 셋째 황제이다. 진종시기에는 송나라 문물의 융성을 이루었다. 2. 御製는 임금이 지은 시문(詩文)이다.

3. 險은 '험할 험' 4. 布는 명사로는 '베 포' 5. 終은 '마침내 종' 6. 顯은 '나타낼 현', '드러낼 현' 7. 雲仍(운잉)은 '구름처럼 멀고도 아득한 자손'을 나타내는 말이다. 8. 豈는 '어찌 기' 9. 召는 '부를 소'

11-2-2: 신종황제(神宗皇帝)가 지은 글에 이르기를, "도리(道理)에 어긋나는 재물을 멀리하고, 정도에 지나친 술을 경계하라. 사는 데는 반드시 이웃을 가리고, 사귐에는 반드시 벗을 가리며, 남을 시기하는 마음을 일으키지 말고, 남을 헐뜯어 말하지 말며, 가난한 일가친척을 멀리 하지 말고, 부유한 타인에게 후(厚)하게 하지 말라. 사욕을 극복하는 데에는 근면함과 검소함을 제일로 삼아야 할 것이며, 사람을 사랑함에는 겸손하고 화평함을 첫째로 삼을 것이며, 언제나 지난날의 잘못을 생각하고, 또 앞날의 허물을 생각하라. 만약 나의 이 말대로 하면 나라와 집안을 오랫동안 다스릴 수 있을 것이다."

神宗皇帝御製曰(신종황제어제왈), 遠非道之財(원비도지재), 戒過度之酒(계과도지주). 居必擇隣(거필택린), 交必擇友(교필택우), 嫉妬勿起於心(질투물기어심), 讒言勿宣於口(참언물선어구). 骨肉貧者莫疎(골육빈자막소), 他人富者莫厚(타인부자막후). 克己以勤儉爲先(극기이근검위선). 愛衆以謙和爲首(애중이겸화위수), 常思已往之非(상사이왕지비), 每念未來之咎(매념미래지구). 若依朕之斯言(약의짐지사언), 治國家而可久(치국가이가구).

(字義) 1. 신종 황제는 송(宋)나라의 여섯 번째 임금이다. 2. 遠은 '~을 멀리하다'의 뜻이다. 3. 擇은 '가릴 택' 4. 讒은 '참소(讒訴)할 참' 5. 宣

은 '베풀 선' 6. 骨肉은 '동기간이나 친족'을 말한다. 7. 疎(소)는 (촘촘하거나 정제되지 않고) '성기고, 거칠다'의 뜻도 있고, (친함, 인정) '~을 소원하게 하다'의 뜻으로도 쓰인다. 8. 咎는 '허물 구' 9. 依는 '의지할 의' 10. 朕(짐)은 황제의 자칭(自稱)이다.

11-2-3: **고종황제(高宗皇帝)가 지은 글에 이르기를, "한 점의 작은 불티도 능히 만경(萬頃)의 숲을 태울 수 있고, 반 마디의 그릇된 말도 평생의 덕을 허물어뜨린다. 몸에 한 오라기의 실을 걸쳐도 항상 베 짜는 여자의 수고로움을 생각하고, 하루 세 끼니의 밥을 먹을 때마다 농부의 노고를 생각하라. 구차하게(진실로) 탐내고 시기해서 남에게 손해를 끼친다면 마침내 10년 동안의 편안함도 없을 것이요, 선(善)을 쌓고 인(仁)을 보존하면 반드시 후손들에게 영화가 있으리라. 복된 인연과 좋은 경사는 대부분이 선행을 쌓는 데서 생겨나고, 평범함을 초월해서 성인의 경지에 들어가는 것은 다 진실함에서 비롯된다."**

高宗皇帝御製曰(고종황제어제왈), 一星之火(일성지화), 能燒萬頃之薪(능소만경지신), 半句非言(반구비언), 誤損平生之德(오손평생지덕). 身被一縷(신피일루), 常思織女之勞(상사직녀지로), 日食三飱(일식삼손), 每念農夫之苦(매념농부지고). 苟貪妬損(구탐투손), 終無十載安康(종무십재안강), 積善存仁(적선존인), 必有榮華後裔(필유영화후예). 福緣善慶(복연선경), 多因積行而生(다인적행이생), 入聖超凡(입성초범), 盡是眞實而得(진시진실이득).

(字義) 1. 고종은 북송(北宋)의 마지막 황제인 흠종의 아들로 남송(南

宋)의 제1대 황제가 되었다. 2. 燒는 '사를 소', '~을 불사르다', '~을 태우다'의 뜻이다. 3.頃은 '백(百)이랑 경' 4. 薪은 '섶 신', '땔나무 신' 5. 縷는 '실(오라기) 루' 6. 織은 '짤 직' 7. 勞는 '수고로울 로' 8. 飧은 '밥 손', '저녁밥 손' 9. 苟(구)는 '진실로 ~하면'의 뜻이다. 10. 存은 (마음, 심성, 품성 등) '~을 지니다', '~을 간직하다'의 뜻이다. 11. 裔는 '후손 예' 12. 盡은 '다 진'

11-2-4: 왕량(王良)이 말하기를, "그 임금을 알고자 하면 먼저 그 신하를 보고, 그 사람을 알고자 하면 먼저 그 벗을 보고, 그 아비를 알고자 하면 그 자식을 보라. 임금이 거룩하면 그 신하가 충성스럽고, 아비가 인자하면 자식이 효성스럽다."

王良曰(왕량왈), 欲知其君(욕지기군), 先視其臣(선시기신), 欲知其人(욕지기인), 先視其友(선시기우), 欲知其父(욕지기부), 先視其子(선시기자). 君聖臣忠(군성신충), 父慈子孝(부자자효).

(字義) 1. 왕량(王良)은 춘추 전국시대 진나라 사람이다.

11-2-5: 『가어(家語)』에 이르기를, "물이 지극히 맑으면 고기가 없고, 사람이 너무 살피면 친구가 없다."

家語云(가어운), 水至淸則無魚(수지청즉무어), 人至察則無徒(인지찰즉무도).

(字義) 1. 家語는 『孔子家語』을 말한다. 공자가 자손들에게 교훈을 남기기 위해 쓴 글이다. 2. 至는 술어로는 '이를 지', '지극할 지', 명사나 술어의 앞에서는 '지극한, 지극히'의 뜻이다. 3. 徒는 ①친구 도 ②한갓 도

▶ 물이 너무 맑으면 물고기가 살지 못한다. 다른 사람의 잘잘못을 너무 따지면 그를 좋아하는 사람이 없게 된다.

11-2-6: 허경종(許敬宗)이 말하기를, "봄비는 기름과 같으나(농작물에 내리는 단비와 같으나) 길가는 사람은 그 질척거리는 길을 싫어하고, 가을 달은 밝게 비치나 도둑은 그 밝게 비치는 것을 싫어한다."

許敬宗曰(허경종왈), 春雨如膏(춘우여고), 行人惡其泥濘(행인오기니녕), 秋月揚輝(추월양휘), 盜者憎其照鑑(도자증기조감).

(字義) 1. 허경종은 당나라의 정치가이다. 건망증이 매우 심하여 '암중모색(暗中摸索)'이란 말로 유명하다. 2. 膏는 '기름 고' 3. 惡은 '미워할 오' 4. 泥는 '진흙 니' 5. 濘은 '진흙 녕' 6. 揚은 '날릴 양' 7. 輝는 '빛 휘' 8. 憎은 '미워할 증' 9. 鑑은 ①거울 감 ②비칠 감

11-2-7: 『경행록』에 이르기를, "대장부는 선(善)을 보는 것이 밝기 때문에 명분과 절개를 태산보다 중히 여기고, 마음 쓰는 것이 강직한 까닭에 죽고 사는 것을 기러기의 깃털보다 더 가볍게 여긴다."

景行錄云(경행록운), 大丈夫(대장부), 見善明故(견선명고), 重名節於泰山(중명절어태산), 用心剛故(용심강고), 輕死生於鴻毛(경사생어홍모).

(字義) 1. 重은 '~을 중하게 여기다'는 뜻이다. 2. 於는 '~보다도'의 뜻으로 비교급을 나타낸다. 3. 剛은 '굳셀 강' 4. 輕은 '~을 가볍게 여기다'의 뜻이다. 5. 鴻毛는 직역하면 '기러기의 털'인데, 가벼움을 비유하고 있다.

11-2-8: 남의 흉한 것을 민망하게 여기고, 남의 착한 것을 즐겁게 여기며, 남의 위급함을 구제하고, 남의 위태함을 구해야 된다.

閔人之凶(민인지흉), 樂人之善(낙인지선), 濟人之急(제인지급), 救人之危(구인지위).

(字義) 1. 閔은 '민망할 민' 2. 濟는 ①건널 제 ②구제할 제 3. 救는 '구제할 구'

11-2-9: 눈으로 직접 본 일도 모두 참되지 아니할까 두려워하는데, 뒤에서 하는 말을 어찌 깊이 믿을 수 있겠는가.

經目之事(경목지사), 恐未皆眞(공미개진), 背後之言(배후지언), 豈足深信(기족심신).

(字義) 1. 經目은 '직접 눈으로 본다'는 뜻이다. 2. 深은 부사로 '깊이'의 뜻이다.

11-2-10: 자기 집 두레박 줄이 짧은 것은 탓하지 않고, 남의 집 우물 깊은 것만 탓하는구나.

不恨自家汲繩短(불한자기급승단), 只恨他家古井深(지한타가고정심).

(字義) 1. 恨은 '~을 한탄하다', '~을 한하다'의 뜻이다. 2. 繩은 '두레박 줄 승' 3. 只은 '오직', '다만'의 뜻이다. 4. 古井心은 '오래된 우물이 깊다'는 뜻이다.

11-2-11: 뇌물을 탐하고 부정을 저지르는 사람들이 천하에 가득하지만 죄는 박복한 사람에게만 걸린다.

贓濫滿天下(장람만천하), 罪拘薄福人(죄구박복인).

(字義) 1. 贓은 '장물 장', '뇌물받을 장' 2. 濫은 '넘칠 람' 3. 拘는 '잡을 구' 4. 薄은 '엷을 박'

11-2-12: 하늘이 만약 바른 도를 어기면 바람이 불지 않아도 비가 오고, 사람이 만약 지켜야 할 도리를 어긴다면 병들지 않으면 죽게 된다.

天若改常(천약개상), 不風卽雨(불풍즉우), 人若改常(인약개상), 不病卽死(불병즉사).

(字義) 1. 若은 '만약 ~한다면'는 뜻이다. 2. 常은 명사로 사용될 경우에는 '일정한 법칙', '지켜야 할 변치 않는 도리'의 뜻으로 사용된다. 3. 不~卽~은 '~하지 않으면, 즉 ~이다'의 뜻이다.

11-2-13: 장원시(壯元詩)에 씌어져 있기를,
"나라가 바르면 하늘의 마음도 순하고,
관리들이 청렴결백하면 백성이 저절로 편안해진다.
아내가 어질면 남편의 재앙이 적고,
자식이 효도하면 아버지의 마음이 너그러워진다."

壯元詩云(장원시운),
國正天心順(국정천심순),
官淸民自安(관청민자안).
妻賢夫禍少(처현부화소),
子孝父心寬(자효부심관).

(字義) 1. 壯元詩는 과거에서 장원으로 뽑힌 시를 말한다. 2. 順은 '좇을 순'으로 '순응하다', '순종하다'의 뜻이다. 3. 淸은 '청렴하다'는 뜻도 있다. 4. 寬은 '너그러울 관'

11-2-14: 공자가 말하기를, "나무가 먹줄을 따르면 곧게 되고, 사람이 직언을 받아들이면 거룩하게 된다."

子曰(자왈), 木從繩則直(목종승즉직), 人受諫則聖(인수간즉성).

(字義) 1. 繩은 '노 승' 2. 諫은 '간할 간', 受諫은 '남의 간언을 잘 받아들인다'는 뜻이다.

11-2-15: 한 줄기 푸른 산은 경치가 그윽한데, 옛 사람이 가꾸던 밭을 후인들이 거두는구나. 뒷사람들은 거두어들이는 것을 기뻐하지 말라. 다시 거두어들일 사람은 바로 뒤에 있느니라.

一派青山景色幽(일파청산경색유),
前人田土後人收(전인전토후인수),
後人收得莫歡喜(후인수득막환희),
更有收人在後頭(갱유수인재후두).

(字義) 1. 一派는 '한 줄기로 쭉 뻗은 모양'을 뜻한다. 2. 景은 '경치 경' 3. 幽는 '그윽할 유' 4. 更은 '다시 갱' 5. 頭는 여기서 '머리 두'의 뜻이 아니라 앞의 명사를 구체화할 때 사용되는 접미사이다.

11-2-16: 소동파(蘇東坡)가 말하기를, "아무 까닭 없이 천금을 얻는 것은 큰 복이 있는 것이 아니라 반드시 큰 재앙이 있을 것이다."

蘇東坡曰(소동파왈), 無故而得千金(무고이득천금), 不有大福(불유대복), 必有大禍(필유대화).

(字義) 1. 소동파(蘇東坡)는 북송 때의 문인으로 호는 동파(東坡)이다. 당송(唐宋)팔대가의 한 사람이다. 그가 지은 적벽부(赤壁賦)는 명문으로 알려져 있다. 2. 故는 명사로 '까닭 고'

11-2-17: 소강절(邵康節) 선생이 말하였다. "어떤 사람이 나에게 점을 물으러 찾아 와서는, '어떤 것이 재앙(禍)이고 어떤 것이 복(福)입니까?' 라고 묻자, 내가 남에게 해를 끼치면 이것이 재앙이요, 남이 나에게 해를 끼치면 이것이 복이다."

康節邵先生曰(강절소선생왈),
有人來問卜(유인래문복),
如何是禍福(여하시화복),
我虧人是禍(아휴인시화),
人虧我是福(인휴아시복).

(字義) 1. 問卜은 '점을 쳐서 묻다'라는 뜻이다. 2. 如何는 '어떻게 하느냐?'의 뜻이다. 3. 虧는 '이지러질 휴', 여기서는 '손해를 주다', '해치다'의 뜻이다.

11-2-18: 천 칸이나 되는 큰 집이라도 밤에 눕는 곳은 여덟 자 뿐이요,

좋은 밭이 만 이랑이나 있더라도 하루에 먹는 것은 두 되일 뿐이다.

大廈千間(대하천간), 夜臥八尺(애외팔척), 良田萬頃(양전만경), 日食二升(일식이승).

(字義) 1. 廈는 '큰건물 하' 2. 頃은 '백이랑 경' 3. 升은 '되 승', '되'는 부피의 단위

11-2-19: 오래 머물면 사람이 천해지고, 자주 오면 친하던 사이도 멀어진다. 단지 사흘이나 닷새만 보아도 서로 보는 것이 처음과 같지 않다.

久住令人賤(구주령인천), 頻來親也疎(빈래친야소),
但看三五日(단간삼오일), 相見不如初(상견불여초).

(字義) 1. 久住은 '남의 집에 오래 동안 머무름'을 뜻한다. 2. 令~은 '~하게 만들다'의 뜻이다. 3. 頻은 '자주 빈' 4. 也는 여기서 '또한(亦)'의 뜻이다.

11-2-20: 목마를 때 물 한 방울은 단 이슬과 같고, 취한 뒤에 한 잔 더하는 것은 없느니만 못하다.

渴時一滴如甘露(갈시일적여감로), 醉後添盃不如無(취후첨배불여무).

(字義) 1. 渴은 '목마를 갈' 2. 滴은 '물방울 적' 3. 添은 '더할 첨' 4. 盃는 '잔 배', 添盃는 '술잔을 더 들다'의 뜻이다. 5. 不如無는 '없음만 못하다'는 뜻이다.

11-2-21: 술이 사람을 취하게 하는 것이 아니라 사람이 스스로 취하는 것이요, 여색이 사람을 미혹시키는 것이 아니라 사람이 스스로 미혹되는 것이다.

酒不醉人人自醉(주불취인인자취), 色不迷人人自迷(색불미인인자미).

(字義) 1. 人自醉는 '자신이 자제력을 잃기 때문에 취한다'는 뜻이다. 2. 色은 '여색(女色)'을 가리킨다. 3. 迷는 '미혹할 미'

11-2-22: 공(公)을 위하는 마음이 사(私)를 위하는 마음과 같다면 무슨 일이든 옳고 그름을 가려내지 못할 것이 없으며, 도(道)를 향하는 마음이 만약 남녀의 정(情)을 생각하는 마음과 같다면 성불(成佛)을 해도 여러 번 했을 것이다.

公心若比私心(공심약비사심), 何事不辨(하사불변), 道念若同情念(도념약동정념), 成佛多時(성불다시).

(字義) 1. 公心은 '公을 위한 마음, 공덕심'을 말한다. 2. 比는 '비등하다', '같다'는 의미이다. 3. 辨은 '분별할 변' 4. 道念은 '道를 따르고 이

루겠다는 마음'을 뜻한다. 5. 情念은 '사사로운 정에 이끌리는 마음'을 뜻한다. 6. 成佛은 '마음이 부처와 같다'의 뜻으로 한 단어로 쓰인다.

11-2-23: **염계(濂溪) 선생이 말하기를, "간교한 사람은 말을 잘하고 소박하고 우직한 사람은 말이 없으며, 간교한 사람은 수고로우나 어리석은 사람은 편안하다. 간교한 사람은 남을 해치나 어리석은 사람은 덕이 있으며, 간교한 사람은 흉하고 어리석은 사람은 길하다. 아아! 천하가 모두 어리석으면 형벌로 다스리는 정치가 없어져 임금은 편안하고 백성은 순종하며, 풍속은 맑아지고 폐단은 없어진다."**

先生曰(염계선생왈), 巧者言拙者默(교자언졸자묵), 巧者勞拙者逸(교자로졸자일), 巧者賊拙者德(교자적졸자덕), 巧者凶拙者吉(교자흉졸자길), 嗚呼(오호), 天下拙(천하졸), 刑政撤(형정철), 上安下順(상안하순), 風清弊絶(풍청폐절).

(字義) 1. 염계(濂溪) 선생은 송(宋)나라의 유학자 주돈이(周敦頤)를 가리킨다. 주자(朱子)는 염계 선생이 정호(程顥)·정이(程頤) 형제를 가르쳤다 하여 그를 도학(道學 : 宋代의 新儒敎)의 개조(開祖)라고 칭하였다. 2. 巧者는 '간교하고 간사한 재주꾼'을 말한다. 3. 拙者는 '소박하고 우직한 사람'을 말한다. 노자는 '큰 기교는 마치 소박한 것 같다(大巧若拙)'라고 하였다. 4. 逸은 '태연하다'는 뜻이다. 5. 賊은 ①도둑 적 ②해칠 적, 이 구절에서는 ①의 뜻이다. 장자(莊子)는 유학자를 도둑으로 비유한 적이 있다. 즉, 그는 유학자들이 무위의 상태에서 자연적 본성에 따라 살아가지 않고 예와 같은 인위적인 규범을 따르도록

한다고 해서 도둑떼들에 비유하였다. 6. 政은 ①정치 정 ②정치를 위한 온갖 법과 질서를 뜻하기도 한다. 7. 撤은 '거둘 철' 8. 弊는 '폐단 폐' 9. 絶은 '끊을 절'

11-2-24: 『역경(易經)』에 이르기를, "덕(德)은 적으면서 지위가 높고, 지혜는 작으면서 꾀하는 것이 크면 재앙을 받지 않을 사람이 드물다."

易經日(역경왈), 德微而位尊(덕미이위존), 智小而謀大(지소이모대), 無禍者鮮矣(무화자선의).

(字義) 1. 易은 '주역(周易)'을 말한다. 2. 鮮은 '드물 선'

11-2-25: 『설원(說苑)』에 이르기를, "관리는 벼슬이 성취되는 데서 게을러지고, 병은 조금 낫는 데서 심해지며, 재앙은 게으른 데서 생기고, 효도는 처자(妻子)로 인해 약해진다. 이 네 가지를 살펴서 나중 삼가기를 처음과 같이 할 것이다(처음 지녔던 마음가짐을 끝까지 간직해야 할 것이다)."

說苑云(설원운), 官怠於宦成(관태어환성), 病加於小愈(병가어유), 禍生於懈怠(화생어해태), 孝衰於妻子(효쇠어처자), 察此四者(찰자사자), 愼終如始(신종여시).

(字義) 1. 『설원(說苑)』은 한(漢)나라의 유향(劉向)이 편집한 설화집이다. 고대의 제후나 선현들의 행적이나 일화·우화 등을 수록하였다. 2.

宦은 '벼슬 환' 3. 怠는 '게으를 태' 4. 愈는 ①나을 유 ②(병이) 나을 유 ③더욱 유, 여기서는 '(병이) 낫다'는 뜻으로 사용했다. 5. 懈는 '게으를 해' 6. 惰는 '게으를 타' 7. 如始는 '처음과 다름없이', '한결같이'의 뜻이다.

11-2-26: 그릇이 차면 넘치게 되고, 사람이 차면(자만하면) 잃게 된다.

器滿則溢(기만즉일), 人滿則喪(인만즉상).

(字義) 1. 則 앞의 문구는 가정으로 해석한다. 2. 溢은 '넘칠 일' 3. 喪은 '잃을 상' 4. 人滿은 '사람이 재물을 많이 갖고 있다면'의 뜻이다.

11-2-27: 한 자의 구슬이 보배가 아니요, 한 치의 시간을 다투어야(귀중히 여겨야) 한다.

尺璧非寶(척벽비보), 寸陰是競(촌음시경).

(字義) 1. 尺은 '자 척', '자'는 길이의 단위이다. 2. 璧은 '둥근옥 벽' 3. 寸陰은 '짧은 시간'을 말한다. 4. 競은 '다투듯이 아껴라'는 뜻이다.

11-2-28: 양고기 국이 비록 맛은 좋으나 여러 사람의 입맛을 맞추기는 어렵다.

羊羹雖美(양갱수미), 衆口難調(중구난조).

(字義) 1. 洋羹은 '양고기 국'을 뜻한다. 2. 美는 '맛이 좋다'는 뜻으로도 쓰인다. 3. 衆口는 '여러 사람의 입'을 말한다. 4. 難調는 '여러 사람의 입맛에 맞추기가 어렵다'는 뜻이다.

11-2-29: **『익지서(益智書)』에 이르기를, "흰 옥을 진흙 속에 던져도 그 빛을 더럽힐 수 없고, 군자는 혼탁한 곳에 갈지라도 그 마음을 더럽히거나 어지럽게 할 수는 없다. 그러므로 소나무와 잣나무는 눈과 서리를 견디어 낼 수 있고, 밝은 지혜는 어렵고 위급함을 극복할 수 있다."**

益智書云(익지서운), 白玉投於泥塗(백옥투어니도), 不能汚穢其色(불능오예기색), 君子行於濁地(군자행어탁지), 不能染亂其心(불능염란기심). 故(고) 松栢可以耐雪霜(송백가이내설상), 明智可以涉危難(명지가이섭위난).

(字義) 1. 泥는 '진흙 니' 2. 塗는 '진흙 도' 3. 涅은 '개흙(검은 진흙) 녈', '검은물들일 녈', 불교 용어로도 쓰인다. 4. 濁은 '흐릴 탁' 5. 染은 '물들일 염', '더럽힐 염', 染亂은 '나쁘게 물들도록 하고 산란하게 하지 못함'을 뜻한다. 6. 栢은 '측백나무 백' 7. 可以는 한 단어로 '~할 수 있다'의 뜻이다. 8. 耐는 '견딜 내' 9. 涉은 '건널 섭' 10. 難은 '어려울 난'

11-2-30: 산에 들어가 범을 잡기는 쉬우나, 직언으로 충고하기는 어렵다.

入山擒虎易(입산금호이), 開口告人難(개구고인난).

(字義) 1. 擒은 '사로잡을 금' 2. 易은 '~쉽다'는 뜻이다. 3. 告는 '고할 고', 여기서는 의미상 '충고(忠告)한다'는 뜻으로 보았다.

11-2-31: 먼 곳에 있는 물은 가까운 곳의 불을 끄지 못하고, 먼 곳의 친척은 가까운 이웃만 못한다.

遠水不救近火(원수불구근화), 遠親不如近隣(원친불여근린).

(字義) 1. 不救近火는 '가까운 불을 끄지 못한다'는 뜻이다. 2. 隣은 '이웃 린', 不如近隣은 '가까이 사는 이웃만 못하다'는 뜻이다.

11-2-32: 태공이 말하기를, "해와 달이 비록 밝으나 엎어놓은 동이의 밑을 비출 수는 없으며, 칼날이 비록 날카로우나 죄 없는 사람은 베지 못하고, 뜻밖의 재앙은 조심하는 집 문에는 들어가지 못한다."

太公曰(태공왈), 日月雖明(일월수명), 不照覆盆之下(불조복분지하), 刀刃雖快(도인수쾌), 不斬無罪之人(불참무죄지인), 非災橫禍(비재횡화) 不入愼家之門(불입신가지문).

(字義) 1. 覆盆之下는 뒤엎어 놓은 동이의 아래이므로 빛이 들어가는 동이의 구멍을 막아 놓은 상태이다. 2. 刀刃은 '칼날'을 뜻한다. 3. 斬은 '벨 참' 4. 災는 '재앙 재' 5. 橫은 '가로 횡', '빗길 횡', 횡화는 '빗나간 화', '뜻밖의 화난'을 말한다.

11-2-33: 태공이 말하기를, "좋은 밭 만 이랑이 변변치 않는 재주를 몸에 지니고 있는 것만 못하다."

太公曰(태공왈), 良田萬頃(양전만경), 不如薄藝隨身(불여박예수신).

(字義) 1. 頃은 '백(百)이랑 경' 2. 良은 ①어질 량 ②좋을 량 3. 藝는 '재주 예' 4. 隨는 '따를 수'

11-2-34: 『성리서』에 이르기를, "사람을 대할 때의 요체(要諦, 요점)는 자기가 원하지 않는 것을 남에게 베풀지 말고, 행하고도 얻지 못하는 것이 있거든 돌이켜 자기 자신에게서 원인을 찾아야 한다."

性理書云(성리서운), 接物之要(접물지요), 己所不欲(기소불욕), 勿施於人(물시어인), 行有不得(행우불득), 反求諸己(반구제기).

(字義) 1. 성리서(性理書)는 성리학(性理學)에 관한 책을 말한다. 2. 接은 '접할 접' 3. 物은 위 문장에서는 '나 이외의 다른 사람'을 뜻하는 말로도 쓰인다. 4. 要는 명사로 '긴요한 것, 필요한 것, 요점, 요체' 등

의 뜻이다. 接物之要은 '사람을 접하고 사물에 대하는 요체(要諦)'를 말한다. 5. '己所不欲, 勿施於人'은 『논어』에 나오는 공자의 말이다. 6. '反求諸己'는 '잘못을 돌이켜 자신에게서 찾는다'는 뜻으로 사용되고 있다.

11-2-35: 술, 여색, 재물, 기운의 네 가지로 쌓은 담 안(이 세상)에 수많은 어진 자와 어리석은 자가 들어 있다. 만약 그 누가 이곳을 뛰쳐나올 수만 있다면 그것은 바로 신선의 죽지 않는 방법이다.

酒色財氣四堵墻(주색재기사도장), 多少賢愚在內廂(다소현우재내상), 若有世人跳得出(약유세인도득출), 便是神仙不死方(변시신선불사방).

(字義) 1. 堵는 '담 도' 2. 多少는 '퍽 많다'는 뜻이다. 3. 生은 ①~에 살다 ②~을 낳다, ~을 생기게 하다.

치세와
치가의 윤리

12. 입교편(立教篇): 가르침의 원칙을 세우라

12-1: 공자가 말하기를,

"입신(立身)함에는 의로움(義)이 있으니 효가 근본이요,

장례와 제사에 예(禮)가 있으니 슬퍼함이 근본이요,

싸움터에서는 대열이 있으니 용맹이 근본이 된다.

나라를 다스리는 데에는 도리가 있으니 농사가 근본이 되고,

나라를 유지함에는 절차(道)가 있으니 왕위의 계승이 그 근본이 되고,

재물을 얻는 데에는 때가 있으니 노력이 그 근본이 된다."

子曰(자왈),

立身有義而孝爲本(입심유의이효위본),

喪祀有禮而哀爲本(상사유례이애위본),

戰陣有列而勇爲本(전진유열이용위본).

治政有理而農爲本(치정유리이농위본),

居國有道而嗣爲本(거국유도이사위본),

生財有時而力爲本(생재유시이력위본).

(字義) 1. 立身(입신)은 '세상에 출세하여 이름을 높이거나 영달함'을 뜻한다. 2. 戰陣은 ①전쟁하기 위해 벌여 놓은 진(陣) ②전쟁터 등 2가지의 뜻이 있다. 3. 전쟁터에서는 열(列)을 잘 갖춰 싸우는 것도 중요한 전술이지만, 어디까지나 그 근본은 군사들의 사기와 용맹에 있다 할 것이다. 4. 生은 ①~에 살다 ②~을 낳다, ~을 생기게 하다는 뜻이 있다.

12-2: 『경행록』에 이르기를, "정치를 행하는 요체(要諦)는 공평하고 사사로운 욕심이 없이 깨끗이 하는 것이요, 가문을 일으키는 방법은 검약하고 근면한 것이다."

景行錄云(경행록운),
爲政之要(위정지요), 曰公與淸(왈공여청),
成家之道(성가지도), 曰儉與勤(왈검여근).

(字義) 1. 爲는 '할 위' 2. 要는 명사로는 '요긴한 것, 긴요한 것, 요점, 요체' 등의 뜻이다. 3. 與는 '~와'의 뜻이다. 4. 淸은 '청렴하다'는 뜻이다.

12-3: 독서는 집을 일으키는 근본이요,
이치에 따름은 집을 잘 보존하는 근본이요,
부지런하고 절약하여 낭비하지 않는 것은 집안을 다스리는 근본이요,
화순(和順)함은 집안을 가지런히 하는 근본이다.

讀書起家之本(독서기가지본),
循理保家之本(순리보가지본),
勤儉治家之本(근검치가지본),
和順齊家之本(화순제가지본).

(字義) 1. 循은 '좇을 순', '돌 순' 2. 順은 '따를 순', '순응할 순'

12-4: 공자의 〈삼계도(三計圖)〉에 이르기를,
"일생의 계획은 어릴 때에 있고,
1년의 계획은 봄에 있고,
하루의 계획은 새벽에 있다.
어릴 때 배우지 아니하면 늙어서 아는 것이 없고,
봄에 밭 갈지 않으면 가을에 바랄 것이 없으며,
새벽에 일어나지 않으면 그 날의 할 일을 미리 생각해 볼 수 없다."

孔子三計圖云(공자삼계도운),
一生之計在於幼(일생지계재어유),
一年之計在於春(일년지계재어춘),
一日之計在於寅(일일지계재어인).
幼而不學(유이불학), 老無所知(노무소지),
春若不耕(춘약불경), 秋無所望(추무소망),
寅若不起(인약불기), 日無所辦(일무소판).

(字義) 1. 計는 '꾀, 계획, 계책' 등의 뜻이다. 2. 圖는 '도모할 도', '그림 도' 3. 寅(인)은 '寅時'를 가리킨다. 지금의 오전 3~5시를 말한다. 위에서는 단순히 '새벽'이라고 번역했다. 4. 辦은 '판단할 판'

12-5: 『성리서』에 이르기를, "다섯 가지 가르침의 조목은 아버지와 자식 사이에는 서로 친함이 있어야 하며, 임금과 신하 사이에는 의리가 있어야 하며, 남편과 아내 사이에는 분별이 있어야 하며, 어른과 아이 사이에는 차례가 있어야 하며, 친구 사이에는 믿음이 있어야 한다."

性理書云(성리서운),
五敎之目(오교지목),
父子有親(부자유친),
君臣有義(군신유의),
夫婦有別(부부유별),
長幼有序(장유유서),
朋友有信(붕우유신).

(字義) 1. 目은 '조목 목'

12-6: 삼강(三綱)이란 임금은 신하의 본보기가 되고, 아버지는 자식의 본보기가 되며, 남편은 아내의 본보기가 되는 것이다.

三綱(삼강),
君爲臣綱(군위신강),
父爲子綱(부위자강),
夫爲婦綱(부위부강).

(字義) 1. 綱은 '벼리 강', 위에서 말한 세 가지의 '벼리'는 '위에서 통제하고 총괄함'을 비유한 말이다.

12-7: 왕촉(王蠋)이 말하기를, "충신은 두 임금을 섬기지 아니하고, 열녀는 두 지아비를 섬기지 아니한다."

王蠋曰(왕촉왈), 忠臣不事二君(충신불사이군), 烈女不更二夫(열녀불경이부).

(字義) 1. 왕촉은 전국시대 제(齊)나라 사람으로 제나라가 연(燕)나라의 침략을 받아 항복을 권유 받았으나 이를 거부하고 신하로서의 절개를 지키며 자살한 충신이다. 2. 事는 술어로는 ①~을 섬기다 ②~을 일삼다. 주로 ①의 뜻으로 쓰인다. 3. 烈은 '매울 렬', 비유적으로 지조나 절개가 굳고 열렬함을 말하기도 한다. 4. 更은 부사로는 '다시 갱', 술어로는 '고칠 경'

12-8: 충자(忠子)가 말하기를, "관리가 다스림에 있어서는 공평함만 같음이 없고, 재물을 접할 때에는 청렴만한 것이 없다."

忠子曰(충자왈), 治官莫若平(치관막약평), 臨財莫若廉(임재막약렴).

(字義) 1. 官은 '벼슬 관', '관가(官家) 관', '일(事) 관' 2. 莫은 ①금지사로서의 막 ②없을 막, 莫若은 '~만한 것이 없다'는 의미이다. 3. 臨은 '임할 임' 4. 廉은 '청렴할 렴'

12-9: 장사숙의 좌우명에 이르기를:
"무릇 말은 반드시 성실하고 믿음이 있어야 하며,
행실은 반드시 돈독하고 공경히 해야 하며,
음식은 반드시 삼가고 알맞게 먹고,

글씨는 반드시 정확하고 반듯하게 쓰며,
용모는 반드시 단정하고 엄숙하게 하며,
의관은 반드시 정돈하며 엄숙하게 하며,
걸음걸이는 반드시 안정되고 차분해야 하며,
거처하는 곳은 반드시 바르고 정숙하게 하며,
일하는 것은 반드시 계획을 세워 시작하며,
말을 할 때는 반드시 그 실행 여부를 생각해서 하며,
변함없는 덕(德)을 반드시 굳게 지니며,
일을 승낙할 때에는 반드시 신중히 생각해서 응하며,
선(善)을 보거든 자기에게서 나온 것 같이 하며,
악(惡)을 보거든 자기의 병인 것 같이 하라.
이상의 14가지는 모두 내가 아직 깊이 깨닫지 못한 것이다.
이를 자리의 오른편에 써 붙여 놓고 아침저녁으로 보면서 경계할 것이다."

張思叔座右銘曰(장사숙좌우명왈),
凡語必忠信(범어필충신),
凡行必篤敬(범행필독경),
飮食必愼節(임식필신절),
字劃必楷正(자획필해정),
容貌必端莊(용모필단장),
衣冠必肅整(의관필숙정),
步履必安詳(보리필안상),
居處必正靜(거처필정정),
作事必謀始(작사필모시),
出言必顧行(출언필고행),

常德必固持(상덕필고지),

然諾必重應(연락필중응),

見善如己出(견선여기출),

見惡如己病(견악여기병),

凡此十四者(범차십사자),

皆我未深省(개아미심성),

書此當座右(서차당좌우),

朝夕視爲警(조석시위경).

(字義) 1. 장사숙(張思叔)은 북송(北宋) 사람으로 이름은 역(繹)이며, 정이천(程伊川) 즉, 정자(程子)의 제자이다. 2. 凡은 '무릇 범' 3. 忠은 '충성 충', '정성 충', 忠을 반드시 임금이나 나라에 대한 충성으로 결부시킬 필요는 없다. 忠은 마음으로부터 우러나온 정성되고 진실된 마음을 의미한다. 3. 敬은 ①공경할 경 ②삼갈 경, 조심할 경 4. 楷는 '해서 해', 해서(楷書)는 서체의 하나로 똑바로 쓰는 것을 말한다. 楷는 '바르다'는 뜻도 있다. 4. 莊은 ①씩씩할 장 ②단정할 장, 여기서는 ②의 뜻이다. 5. 肅은 '엄숙할 숙' 6. 步는 명사로는 '걸음 보', 술어로는 '밟을 보' 7. 履는 '신 리', '밟을 리' 8. 安詳은 '성질이 찬찬하고 안존함'을 뜻이다.

12-10: 범익겸(范益謙)의 좌우명에 이르기를,

"첫째, 조정에서의 이해(利害)관계와 변방에서의 보고(報告)와 관직의 임명에 대하여 말하지 말라.

둘째, 주현(州縣) 관리들의 장단점과 득실(得失)에 대하여 말하지 말라.

셋째, 여러 사람이 저지른 잘못과 악한 일을 말하지 말라.

넷째, 벼슬에 나가는 것과 기회를 따라 권세에 아부하는 일에 대하여 말하지 말라.

다섯째, 재물과 이익이 많고 적음이나 가난을 싫어하고 부를 구하는 것을 말하지 말라.

여섯째, 음탕한 희롱과 여색 평론을 하지 말라.

일곱째, 남의 물건을 탐하거나 술과 음식을 구하고 찾는 말을 하지 말라.

范益謙座右銘日(범익겸좌우명왈),

一不言朝廷利害邊報差除(일불언조정리해변보차제),

二不言州縣官員長短得失(이불언주현관원장단득실),

三不言衆人所作過惡之事(삼불언중인소작과악지사),

四不言仕進官職趨時附勢(사불언사진관직추시부세),

五不言財利多少厭貧求富(오불언재리다소염빈구부),

六不言淫媟戲慢評論女色(육불언음설희만평론여색),

七不言求覓人物干索酒食(칠불언구멱인물간색주식).

(字義) 1. 범익겸은 중국 남송(南宋)때의 학자이다. 2. 邊은 '가 변', '변방 변' 3. 差는 '관리를 파견함', 除는 '벼슬에 임명함'을 뜻한다. 3. 長短은 장점과 단점. 4. 得失은 '얻고 잃은 것', '성공과 실패', '잘하고 잘못한 일' 5. 趨(추)는 '이익을 쫓는다'는 뜻이다. 6. 附는 ①더할 부 ②의지할 부, 여기서는 ②의 뜻으로 '아부(阿附)하다', '부합(附合)하다' 등의 뜻이다. 7. 媟은 '거만할 설', 여기서는 '외설스럽다'는 뜻이다. 8. 覓은 '구할 멱' 9. 干索은 '무리하게 요구하다'는 뜻이다.

12-11: 또한 이르기를,

다른 사람이 부친 편지를 뜯어보거나 묵혀 두지 마라.

다른 사람과 나란히 앉아 남의 사사로운 글을 엿보지 말라.

무릇 남의 집에 들어가서는 남이 쓴 글을 보지 말며,

남의 물건을 빌렸을 때 이것을 손상시키거나 돌려주지 않아서는 안 된다.

무릇 음식을 먹을 때는 가려서 버리거나 취하지 말며,

남과 같이 있으면서 스스로의 편리만을 택하지 말아야 하고,

남의 부귀를 부러워하거나 헐뜯지 말라.

무릇 이 몇 가지 일을 범하는 사람이 있으면

그 마음 씀씀이가 바르지 않음을 알 수 있으며,

마음을 바르게 하고 몸을 닦는 데 크게 해 되는 바가 있으니,

이로 인하여 이 글을 써서 스스로 경계하노라.

又曰(우왈),

人付書信不可開坼沈滯(인부서신불가개탁침체),

與人并座不可窺人私書(여인병좌불가규인사서).

凡入人家不可看人文字(범입인가불가간인문자),

凡借人物不可損壞不還(범차인물불가손괴불환),

凡喫飮食不可揀擇去取(범끽음식불가간택거취),

與人同處不可自擇便利(여인동처불가자택편리),

凡人富貴不可歎羨詆毁(범인부귀불가탄선자훼),

凡此數事有犯之者(범차수사유범지자),

足以見用心之不正(족이견용심지부정),

於正心修身(어정심수신), 大有所害(대유소해),

因書以自警(인서이자경).

(字義) 1. 人付書信은 '남이 부탁한 서신'을 뜻한다. 2. 坼은 '(편지 등을) 뜯다'라는 뜻이다. 開坼은 '열어 보다'의 뜻이다. 3. 沈滯는 '남의 편지를 묻어 둔다'는 뜻이다. 4. 窺는 '엿볼 규' 5. 羨은 '부러울 선' 6. 歎羨은 '감탄하고 선망함'을 뜻한다. 7. 因은 '인할 인'

12-12: 무왕(武王)이 태공(太公)에게 물었다. "사람이 세상에 살아가면서 어찌하여 귀천과 빈부가 고르지 않습니까? 원컨대 말씀을 들어서 그 이유를 알고자 합니다."
태공이 대답하기를, "부귀는 성인의 덕과 같아서 모두 하늘의 뜻에서 나온 것인데, 부자는 씀씀이에 절제가 있고, 가난하게 사는 자는 집안에 열 도둑이 있습니다."

武王問太公曰(무왕문태공왈), 人居世上(인거세상), 何得貴賤貧富不等(하득귀천빈부부등), 願聞說之(원문설지), 欲知是矣(욕지시의). 太公曰(태공왈), 富貴如聖人之德(부귀여성인지덕), 皆由天命(개유천명), 富者用之有節(부자용지유절), 不富者家有十盜(불부자가유십도).

(字義) 1. 武王은 周나라의 임금으로 은(殷)의 폭군 주(紂)를 멸하고 중국을 통일했다. 2. 太公은 강태공(姜太公)을 지칭한다. 3. 何得은 '어찌하여~할 수 있는가?'라는 뜻이다. 4. 願聞은 '~듣고 싶다'의 뜻이다.

12-13: 무왕(武王)이 말하기를, "무엇을 열 도둑이라고 합니까?" 태공이 대답하기를, "곡식이 익은 것을 제때에 거둬들이지 않는 것이 첫 번째

도둑이요,
거두고 쌓는 일을 끝내지 않는 것이 두 번째 도둑이요,
아무 일이 없는데 등불을 켜놓고 잠자는 것이 세 번째 도둑이요,
게을러서 밭 갈지 않는 것이 네 번째 도둑이요,
노력하지 않는 것이 다섯 번째 도둑이요,
오로지 교활하고 해로운 일만 행하는 것이 여섯 번째 도둑이요,
딸을 너무 많이 기르는 것이 일곱 번째 도둑이요,
대낮까지 자고 아침에 일어나기를 게을리 하는 것이 여덟 번째 도둑이요,
술을 탐하고 환락을 즐기는 것이 아홉 번째 도둑이요,
억지로 남을 시기하는 것이 열 번째 도둑입니다."

武王曰(무왕왈), 何謂十盜(하위십도). 太公曰(태공왈), 時熟不收爲一盜(시숙불수위일도), 收積不了爲二盜(수적불료위이도), 無事燃燈寢睡爲三盜(무사연등침수위삼도), 慵懶不耕爲四盜(용라불경위사도), 不施功力爲五盜(불시공력위오도), 專行巧害爲六盜(전행교해위육도), 養女太多爲七盜(양녀태다위칠도), 晝眠懶起爲八盜(구면라기위팔도), 貪酒嗜慾爲九盜(탐주기욕위구도), 强行嫉妬爲十盜(강행질투위십도).

(字義) 1. 時熟不收은 '때맞게 곡식이 익었는데 거둬들이지 않는다'는 뜻이다. 2. 不了는 '완료하지 않음'을 뜻하다. 3. 燃은 '탈 연' 4. 懶起는 '아침에 늦게 일어남'을 뜻한다. 5. 慵은 '게으를 용' 6. 懶는 '게으를 라' 7. 專은 부사로 '오로지 전' 8. 嗜慾은 '오락이나 향락에 빠진다'는 뜻이다. 9. 强行嫉妬은 '남을 심하게 질투하고 미워함'을 뜻한다.

12-14: 무왕이 말하기를, "집에 열 가지 도둑이 없는데도 부유하지 못한 것은 어찌하여 그런가요?"

태공이 말하기를, "그런 사람의 집에는 반드시 세 가지 낭비가 있을 것입니다."

무왕이 말하기를, "무엇을 세 가지 소모(三耗)라고 말합니까?"

태공이 말하기를,

"창고가 뚫려 있는데도 가리지 않아 쥐와 참새들이 어지럽게 먹어대는 것이 첫 번째 소모이요,

거두고 씨 뿌리는 시기를 놓치는 것이 두 번째 소모이요,

곡식을 퍼 흩뜨려 놓고 더럽혀서 천하게 다루는 것이 세 번째의 소모입니다."

武王曰(무왕왈), 家無十盜而不富者(가무십도혈불부자) 何如(하여)? 太公曰(태공왈), 人家必有三耗(인가필유삼모). 武王曰(무왕왈), 何名三耗(하명삼모). 太公曰(태공왈), 倉庫漏濫不蓋(창고누람불개), 鼠雀亂食爲一耗(서작란식위일모), 收種失時爲二耗(수종실시위이모), 抛撒米穀穢賤爲三耗(포살미곡예천위삼모).

(字義) 1. 何如는 '어째서 그러한가?' 2. 漏는 '셀 루' 3. 濫은 '넘칠 람' 4. 蓋는 '덮을 개' 5. 漏濫不蓋은 '구멍이 뚫려 새는 것을 덮지 않음'을 뜻한다. 6. 耗는 '소모할 모' 7. 倉은 '곳집 창' 8. 庫은 '곳집 고' 9. 鼠는 '쥐 서' 10. 雀은 '참새 작' 11. 亂은 '어지러울 란' 12. 種은 '씨 종', '심을 종', '씨뿌릴 종' 13. 抛는 '버릴 포' 14. 撒은 '뿌릴 살' 15. 穢賤는 '더럽고 천하게 여김'을 뜻한다.

12-15: **무왕이 묻기를, "집안에 세 가지 소모가 없는데도 부유하지 못한 것은 어찌하여 그렇습니까?"**
태공이 대답하기를, "그런 사람의 집에는 첫째 일을 그르친 것, 둘째 일을 잘못 처리하는 것, 셋째 바보스러운 것, 넷째 매사에 실수하는 것, 다섯째 인륜을 거역하는 처사, 여섯째 상서롭지 못한 일, 일곱째 종의 행색을 하는 것, 여덟째 천한 일을 하는 것, 아홉째 어리석은 것, 열째 지나치게 강한 것 등이 있어서 스스로 그 화를 부르는 것이지, 하늘이 재앙을 내리는 것은 아닙니다."

武王曰(무왕왈), 家無三耗而不富者(가무삼모이불부자), 何如(하여)?
太公曰(태공왈), 人家必有一錯二誤三痴四失五逆六不祥七奴八賤九愚十强(인가필유일착이오삼치사실오역육불상칠노팔천구우십강), 自招其禍(자초기화), 非天降殃(비천강앙).

(字義) 1. 錯은 '그릇될 착' 2. 痴는 '어리석을 치' 3. 逆은 '거스릴 역' 4. 招는 '부를 초' 5. 非+명사구(절)은 '~이 아니다'의 뜻이다.

12-16: **무왕이 말하기를, "그 내용을 듣기를 원합니다."**
태공이 대답하기를,
"아들을 기르면서 가르치지 않는 것이 첫 번째 잘못이요,
어린 아이를 훈계하지 않는 것이 두 번째 그름이요,
새 며느리를 맞아들이면서 엄하게 가르치지 않는 것이 세 번째 어리석음이요,
말하기 전에 웃는 것부터 먼저 하는 것이 네 번째 과실이요,

부모를 봉양하지 않는 것이 다섯 번째 거스름이요,
밤에 벌거벗은 몸으로 일어나는 것이 여섯 번째 상서롭지 못함이요,
다른 사람의 활 당기기를 좋아하는 것이 일곱 번째 천함이요,
다른 사람의 말 타기를 좋아하는 것이 여덟 번째 천함이요,
남의 술을 마시면서 다른 사람에게 권하는 것이 아홉 번째 어리석음이요,
남의 밥을 얻어먹으면서 벗에게 주는 것이 열 번째 뻔뻔함이 되는 것입니다.”
무왕이 말하기를, “아아! 매우 아름답고 진실하구나, 그 말씀이여.”

武王曰(무왕왈), 願悉聞之(원실문지). 太公曰(태공왈), 養男不教訓爲一錯(양남불교훈위일착), 慵孩不訓爲二誤(영해불훈위이오), 初迎新婦不行嚴訓爲三痴(초영신부불행엄훈위삼치), 未語先笑爲四失(미어선소위사실), 不養父母爲五逆(불양부모위오역), 夜起赤身爲六不祥(야기적신위육불상), 好挽他弓爲七奴(호만타궁위칠노), 愛騎他馬爲八賤(애기타마위팔천), 喫他酒勸他人爲九愚(끽타주권타인위구우), 喫他飯命朋友爲十强(끽타반명붕우위십강). 武王曰(무왕왈), 甚美誠哉(심미성재), 是言也(시언야).

(字義) 1. 悉은 ‘다 실’, ‘모두 실’ 2. 訓은 ‘가르칠 훈’ 3. 嬰은 ‘어릴 영’ 4. 孩은 ‘어릴 해’ 5. 迎은 ‘신부를 맞아들인다’는 뜻이다. 6. 赤身은 ‘발가벗은 몸’을 뜻하다. 7. 挽은 ‘당길 만’ 8. 騎는 ‘말탈 기’ 9. 마지막의 是言는 ‘이 말’의 뜻이다.

13. 치정편 (治政篇): 정치를 바르게 하라

13-1: 명도(明道) 선생이 말하기를, "처음에 관직에 임명된 선비라도 진실로 물자를 사랑하고 아끼는 마음이 있다면 남에게 반드시 도움이 되는 바가 있을 것이다."

明道先生曰(명도선생왈), 一命之士(일명지사), 苟有存心於愛物(구유존심어애물), 於人必有所濟(어인필유소제).

(字義) 1. 명도 선생은 북송(北宋)의 유학자이다. 성(姓)은 정(程), 이름은 호(顥)이다. 그 동생은 이름이 이(頤)이고, 호는 이천(伊川)으로, 흔히 그 두 형제를 정자(程子)라고 일컫는다. 2. 一命之士는 처음으로 관직에 임명을 받는 선비. 3. 苟는 '진실로 구', '진실로 ~하면'의 뜻으로 가정으로 해석한다. 4. 物은 '나 이외의 사물', 또는 '다른 사람'을 뜻한다. 남이란 뜻에서 人과 같은 의미로 쓰이는 경우가 많다. 5. 於人은 '사람들에게', '백성들에게'

13-2: 당나라 태종(太宗)이 지은 글에 이르기를, "위에 지시하는 임금이 있고, 중간에 다스리는 관리가 있고, 그 아래에 따르는 백성이 있다. 예물로 받은 비단으로 옷을 지어 입고 창고에 쌓인 곡식으로 밥을 먹으니, 너희의 봉록(俸祿)은 백성들의 살과 기름이다. 아래에 있는 백성을 학대하기는 쉽지만 위에 있는 저 푸른 하늘은 속이기 어렵다."

唐太宗御製云(당태종어제운), 上有麾之(상유휘지), 中有乘之(중유승지), 下有附之(하유부지), 幣帛衣之(폐백의지), 倉廩食之(창름식지), 爾俸爾祿(이봉이록), 民膏民脂(민고민지), 下民易虐(하민이학), 上蒼難欺(상창난기).

(字義) 1. 당 태종은 당나라의 두 번째 임금이다. 이름은 이세민(李世民)이다. 아버지인 당고조 이연과 함께 수나라를 멸하고 당나라를 수립하였다. 재위 시에는 치세를 잘하여 '정관(貞觀)의 치(治)'라 칭송받았고, 후세 제왕의 모범이 되었으나, 고구려와의 안시성전투에서 패하였다. 2. 御製는 '임금이 지은 글'을 뜻한다. 3. 製는 '지을 제' 4. 麾는 '휘두를 휘' 5. 乘은 '탈 승' 6. 附는 '더할 부', '의지할 부' 7. 衣는 술어로 '~을 입다'의 뜻이다. 8. 倉은 '곳간 창' 9. 廩은 '곳간 름' 10. 爾는 '너 이', 이 문장에서는 바로 당 태종 자신을 가리키는 말이다. 11. 俸祿(봉록)은 '녹봉(祿俸)', 즉 지금의 월급, 봉급에 해당하는 말이다. 12. 膏는 '기름 고' 13. 脂는 '비계 지' 14. 下民은 '아래 백성'을 뜻하는 한 단어이다. 15. 蒼은 '푸를 창' 16. 上蒼은 바로 하늘을 비유한 말이다.

13-3: 『동몽훈(童蒙訓)』에 이르기를, "관리된 자가 지켜야 할 법이 오직 세 가지가 있으니, 청렴함과 근신함과 근면함이다. 이 세 가지를 알면 어떻게 처신해야 하는지를 알 수 있다."

童蒙訓曰(동몽훈왈), 當官之法(당관지법), 唯有三事(유유삼사), 曰淸曰愼曰勤(일청왈신왈근), 知此三者(지차삼자), 知所以持身矣(지소이지신의).

(字義) 1. 동몽훈은 송(宋)나라 여본중(呂本中)이 아이들을 가르치기 위하여 지은 교육서이다. 2. 當官은 '관리가 됨'을 뜻하다. 3. 蒙은 '어릴 동' 4. 當은 '당할 당', (상황, 처지, 때 등등에) '당하다'의 뜻이다. 5. 淸은 '깨끗할 청', 흔히 청렴하다는 뜻으로 자주 쓰인다. 6. 所以+술어는 한 단어처럼 여겨 '까닭' 또는 '방법'의 뜻으로 해석한다.

13-4: 관직에 있는 자는 반드시 심하게 성내는 것을 경계하라. 일에 옳지 않음이 있거든 마땅히 자상하게 처리하면 반드시 맞지 않음이 없다. 만약 심하게 성내기부터 먼저 한다면 오직 자신만을 해롭게 할 뿐이지, 어찌 남을 해칠 수 있으랴.

當官者(당관자), 必以暴怒爲戒(필이폭노위계), 事有不可(사유불가), 當詳處之(당상처지), 必無不中(필무부중), 若先暴怒(약선폭노), 只能自害(지능자해), 豈能害人(기능해인).

(字義) 1. 當官者의 當은 술어로 '당할 당' 2. 戒는 '경계 계' 3. 詳은 '자세할 상'

13-5: 임금 섬기기를 나의 어버이를 섬기는 것 같이 하며, 윗사람 섬기기를 나의 형을 섬기듯 하고, 동료와 사귀기를 나의 가족처럼 하고, 여러 아전 대우하기를 나의 노복(奴僕)같이 하며, 백성 사랑하기를 나의 처자(妻子) 사랑하듯이 하며, 관청의 일 처리하기를 내 집안일처럼 한 뒤에야 능히 내 마음을 다했다 할 수 있다. 만약 털끝만치라도 이르지 못

한 것이 있으면 이는 모두 내 마음에 다하지 못한 바가 있기 때문이다.

事君如事親(사군여사친), 事長官如事兄(사장관여사형), 與同僚如家人(여동료여가인), 待群吏如奴僕(대군리여노복), 愛百姓如妻子(애백성여처자), 處官事如家事然後(처관사여가사연후), 能盡吾之心(능진오지심), 如有毫末不至(여유호말부지), 皆吾心有所未盡也(개오심유소미진야).

(字義) 1. 僚는 '동관(同官) 료' 2. 群은 '여러, 뭇~'의 뜻이다. 3. 僕은 '종 복' 4. 然後는 관용어로 '~한 연후에', '~한 뒤에'의 뜻이다. 5. 豪末은 '터럭 끝'이란 뜻이다.

13-6: **어떤 사람이 묻기를, "부(簿)는 영(令)을 보좌하는 사람입니다. 부(簿)가 하고자 하는 바를 영(令)이 혹시 따르지 않는다면 어떻게 합니까?"**

이천 선생이 대답하기를, "마땅히 성의로써 움직여야 할 것이다. 이제 영과 부가 화목하지 않는 것은 곧 사사로운 생각으로 다투기 때문이다. 영은 고을의 장관이니 부형(父兄)을 섬기는 도리로 섬겨서 잘못이 있으면 자기에게로 돌리고, 잘한 것이 있으면 영에게로 그 공이 돌아가지 않을까 봐 걱정해야 한다. 이와 같은 성의를 쌓는다면 어찌 사람을 움직이지 못함이 있겠는가."

或問(혹문), 簿佐令者也(부좌령자야), 簿所欲爲(부소욕위), 令或不從(영혹부종), 柰何(내하). 伊川先生曰(이천선생왈), 當以誠意動之(당이성의동지), 今令與簿不和(금령여부불화), 只是爭私意(지시쟁사의),

令是邑之長(영시읍지장). 若能以事父兄之道事之(약능이사부형지도사지), 過則歸己(과즉귀기), 善則唯恐不歸於令(선즉유공불귀어령), 積此誠意(적차성의), 豈有不動得人(기유부동득인).

(字義) 1. 簿은 '장부 부', '맡을 부' 2. 佐는 '도울 좌' 3. 奈何는 '어떻게, 어찌~'의 뜻으로 흔히 쓰인다. 4. 이천 선생은 앞글에 나온 명도 선생의 동생이다. 역시 북송(北宋)때의 저명한 유학자이다. 그 두 분을 구분하지 않고 종종 정자(程子)라고 일컫기도 한다. 5. 誠은 '정성 성', 부사로는 '진실로 성'

13-7: 유안례(劉安禮)가 백성에 임하는 도리를 물으니 명도 선생이 말하였다. "백성으로 하여금 각각 그들의 뜻을 펴게 하라."
또 아전을 거느리는 도리를 물으니, 말하기를, "자기를 바르게 함으로써 남을 바르게 하라."

劉安禮問臨民(유안례문림민), 明道先生日(명도선생왈), 使民各得輸其情(사민각득수기정). 問御吏日(문어리왈), 正己以格物(정기이격물).

(字義) 1. 유안례는 북송(北宋) 때의 관리이다. 2. 輸는 ①보낼 수 ②다할 수 3. 情은 위에서는 정황(情況), 실정(實情) 등을 의미한다. 4. 御는 '어거할 어', '다스릴 어' 5. 格은 '바를 격' 6. 物은 '나 이외의 다른 사람'을 가리킨다. 人과 비슷한 뜻이다.

13-8: 『포박자(抱朴子)』에 이르기를, "도끼로 맞더라도 바른 길을 말하며, 솥에 넣어 죽이려 하더라도 바른 말을 다하면 이를 일러 충신이라 한다."

抱朴子曰(포괄자왈), 迎斧鉞而正諫(영부월이정간), 據鼎鑊而盡言(거정확이진언), 此謂忠臣也(차위충신야).

(字義) 1. 포박자는 동진(東晉) 때의 갈홍(葛洪)이 지은 도교 서적이다. 2. 抱은 '안을 포' 3. 迎은 '맞을 영' 4. 斧는 '도끼 부' 5. 鉞은 '도끼 월' 6. 諫은 '간할 간' 7. 據는 '웅거할 거' 8. 鼎은 (다리가 셋인) '솥 정' 9. 鑊은 '가마 확'

14. 치가편(治家篇): 가정을 잘 다스려라

14-1: 사마온공(司馬溫公)이 말하기를, "무릇 손아래 사람들은 일의 크고 작음을 가릴 것 없이 제멋대로 행동하지 말고 반드시 집안 어른께 여쭈어 보아야 한다."

司馬溫公曰(사마온공왈), 凡諸卑幼(범제비유), 事無大小(사무대소), 毋得專行(무득전행), 必咨稟於家長(필자품어가장).

(字義) 1. 사마온(司馬溫)은 북송(北宋) 때의 명신(名臣)이다. 2. 凡은

'무릇 범' 3. 諸는 주로 한정어로 '모두 제'의 뜻이다. 4. 毋는 '금지사' 5. 專은 크게 두 가지의 뜻으로 쓰인다. ① '오로지 ~만 한다'는 뜻이고, ② '제 멋대로, 독단으로 ~한다'는 뜻이 있다. 여기서는 ②의 뜻이다. 6. 咨는 '물을 자', 諮와 통한다. 7. 稟은 '품할 품', 묻는다는 뜻이다.

14-2: 손님 접대는 풍성하게 하지 않을 수 없으며, 살림살이에는 검소하지 않을 수 없다.

待客不得不豐(대객부득불풍), 治家不得不儉(치가부득불검).

(字義) 1. 待는 ①기다릴 대 ②대할 대 2. 不得不+술어는 '~하지 않을 수 없다'는 뜻이다.

14-3: 태공이 말하기를, "어리석은 사람은 아내를 두려워하고, 어진 여자는 남편을 공경한다."

太公曰(태공왈), 痴人畏婦(치인외부), 賢女敬夫(현녀경부).

(字義) 1. 痴는 '어리석을 치' 2. 敬은 ①공경할 경 ②삼갈 경, 조심할 경의 뜻이 있으며, 위 문장에서는 ①의 뜻이다.

14-4: 무릇 노복을 부릴 때에는 먼저 그들의 춥고 배고픔을 생각하라.

凡使奴僕(범사노복), 先念飢寒(선념기한).

(字義) 1. 使는 ①사역동사로서의 使, ②부릴 사의 뜻이 있다. 2. 僕은 '종 복'

14-5: 자식이 효도하면 어버이가 즐겁고, 집안이 화목하면 모든 일이 잘 이루어진다.

子孝雙親樂(자효쌍친락), 家和萬事成(가화만사성).

(字義) 1. 雙은 '두 쌍' 2. 親은 ①어버이 친 ②친할 친의 뜻이 있다. 여기서는 ①의 뜻이다.

14-6: 때때로 불이 나는 것을 막고, 밤마다 도적이 드는 것을 방비하라.

時時防火發(시시방화발), 夜夜備賊來(야야비적래).

(字義) 1. 時를 중첩해서 쓰면 '모든~', '~마다'의 뜻이다. 3. 備는 ①갖출 비 ②방비, 준비, 대비할 비의 뜻이 있다. 여기서는 ②의 뜻이다. 3. 賊은 ①도둑 적 ②해칠 적의 뜻이 있다. 여기서는 ①의 뜻이다.

14-7: 『경행록』에 이르기를, "아침밥과 저녁밥의 이르고 늦음을 보면 그 사람의 집이 흥하고 쇠함을 알 수 있다."

景行錄云(경행록운), 觀朝夕之早晏(관조석지조안), 可以卜人家之興替(가이복인가지흥체).

(字義) 1. 早는 '이를 조' 2. 晏은 '늦을 안' 3. 卜은 '점 복', '점칠 복' 4. 替는 ①대신할 체 ②폐(廢)할 체, 위 문장에서는 ②의 뜻으로 사용되었다. 4. 興替(흥체)는 한 단어로 '흥하고 쇠함'을 뜻한다.

14-8: 문중자(文仲子)가 말하기를, "혼인하면서 재물을 논하는 것은 야만인의 도리이다."

文仲子曰(문중자왈), 婚娶而論財(혼취이론재), 夷虜之道也(이로지도야).

(字義) 1. 문중자는 수(隋)나라 때의 학자이다. 2. 娶는 '장가들 취' 3. 而는 앞글과 뒷글을 이어준다. 4. 虜는 '오랑캐 로'

15. 안의편(安義篇): 의로움을 지켜라

15-1: 『안씨가훈(顔氏家訓)』에 이르기를, "무릇 백성(사람)이 있은 뒤에 부부가 있고, 부부가 있은 후에 부자(父子)가 있고, 부자가 있은 후에 형

제가 있으니, 한 집안의 친함은 이 세 가지뿐이다. 이로부터 나아가 구족(九族)에 이르기까지는 모두 이 삼친(三親: 부부·부자·형제)에 근본을 둔다. 삼친은 인륜에 있어서 가장 중요한 것이므로 돈독함이 없어서는 안 된다."

顔氏家訓曰(안씨가훈왈), 夫有人民而後有夫婦(부유인민이후유부부), 有夫婦而後有父子(유부부이후유부자), 有父子而後有兄弟(유부자이후유형제), 一家之親(일가지친), 此三者而已矣(차삼자이이의), 自茲以往(자자이왕), 至于九族(지우구족), 皆本於三親焉(개본어삼친언), 故(고), 於人倫 爲重也(어인륜위중야), 不可無篤(불가무독).

(字義) 1. 『안씨가훈』은 중국남북조시대 안지추(顔之推)가 입신(立身)·치가(治家)의 도리와 세속(世俗)의 시시비비에 관하여 자손들에게 남긴 교훈서이다. 2. 夫는 '대저 부'의 뜻이다. 주로 말을 시작하거나, 문단을 바꿀 때 발어사(發語詞)로 사용된다. 3. 구족(九族)이란 고조, 증조, 조부, 부, 자기, 아들, 손자, 증손, 현손의 직계친을 말한다. 삼친(三親)은 위의 구절에도 나오듯이 부부, 부자, 형제를 합해서 말한다. 4. 於人倫은 '인륜에 있어서'의 뜻이다. 5. 不可不은 '~하지 않으면 안 된다'는 뜻이다.

15-2: 장자(莊子)가 말하기를, "형제는 손발과 같고 부부는 의복과 같으니, 의복이 떨어졌을 때는 새것으로 갈아입을 수 있으나 수족이 끊어졌을 때는 다시 잇기가 어렵다."

莊子曰(장자왈), 兄弟爲手足(형제위수족), 夫婦爲衣服(부부위의복), 衣服破時更得新(의복파시갱득신), 手足斷處難可續(수족단처난가속).

(字義) 1. 爲手足은 '수족이 된다'는 것이다. 여기서는 형제의 친밀한 관계를 손발로 비유하였다. 2. 更은 '다시 갱'의 뜻이다. 更得新은 '다시 새 것으로 입는다'는 뜻이다. 여기서는 '다시 새 옷으로 갈아입는 것'을 말한다.

15-3: 소동파(蘇東坡)가 이르기를,
"상대방이 부유하다고 해서 가까이하지 않고,
가난하다고 멀리하지 않아야 한다.
이런 사람이 바로 대장부이다.
부유하다면 가까이 하고 가난하다면 멀리하는
이런 사람은 참으로 소인배(小人輩)이다."

蘇東坡云(소동파운),
富不親兮貧不疎(부불친혜빈불소).
此是人間大丈夫(차시인간대장부).
富則進兮貧則退(부즉진혜빈즉퇴),
此是人間眞小輩(차시인간진소배).

(字義) 1. 兮는 주로 두 글귀가 대구를 이룰 때 쓰이는 어조사이다. 2. 此是는 '이것이 바로 ~이다'의 뜻이다. 3. 輩는 '무리 배'의 뜻이다.

기본적 생활윤리

16. 준례편(遵禮篇): 예절을 지켜라

16-1: 공자가 말하기를,

"집안에 예(禮)가 있기 때문에 어른과 아이의 분별이 있고,

부녀자에게 예법이 있기 때문에 삼족(三族)이 화목하고,

조정에 예법이 있기 때문에 벼슬의 차례가 있고,

사냥에 예법이 있기 때문에 군대의 일이 숙달되고,

군대에 예법이 있기 때문에 무공(武功)이 이루어진다."

子曰(자왈),

居家有禮故長幼辨(거가유례고장유변),

閨門有禮故三族和(규문유례고삼족화),

朝廷有禮故官爵序(조정유례고관작서),

畋獵有禮故戎事閑(전렵유례고융사한),

軍旅有禮故武功成(군려유례고무공성).

(字義) 1. 居家는 '가정생활'을 뜻한다. 2. 有禮故는 '예의가 있으므로'의 뜻이다. 3. 辨은 '분별할 변'의 의미이다. 長幼辨은 '어른과 어린이가 분별된다'는 의미이다. 4. 閨는 '안방 규'의 뜻이다. 閨門은 '아녀자들이 거처하는 곳'을 말한다. 5. 田獵은 '사냥하다'는 뜻이다. 6. 戎은 '군사 융'의 뜻이다. 6. 閑은 ①한가할 한 ②익숙할 한의 뜻이 있으며, 여기서는 ②의 뜻이다. 7. 旅는 ①나그네 려 ②군사 려의 뜻이 있으며, 여기서는 ②의 뜻이다.

16-2: 공자가 말하기를, "군자가 용기만 있고 예절이 없으면 반란을 일으키고, 소인이 용기만 있고 예절이 없으면 도둑이 된다."

子曰(자왈), 君子有勇而無禮爲亂(군자유용이무례위란), 小人有勇而無禮爲盜(소인유용이무례위도).

(字義) 1. 爲는 '될 위'의 뜻이다. 2. 盜는 '도둑 도', '훔칠 도'의 뜻이다.

16-3: 증자가 말하기를, "조정에서는 벼슬의 지위만한 것이 없고, 고을에서는 나이만한 것이 없고, 세상을 돕고 백성을 다스리는 데에는 덕(德)만한 것이 없다."

曾子曰(증자왈), 朝廷莫如爵(조정막여작), 鄕黨莫如齒(향당막여치), 輔世長民莫如德(보세장민막여덕).

(字義) 1. 위의 구절은 『孟子』(公孫丑篇)에 나오는 글귀이다. 2. 증자는 춘추시대(春秋時代)의 유학자로 이름은 삼(參)이며, 자는 자여(子輿)이고, 공자의 도(道)를 계승하였다. 3. 莫如은 '~와 같은 것이 없다', '~만한 것이 없다', '~이 제일 낫다'의 뜻이다. 莫은 금지사로도 쓰이고 여기서는 '없을 막'의 뜻이다. 4. 鄕과 黨은 각각 마을을 뜻하는 말이다. 鄕은 2,500戶의 마을을, 黨은 500戶의 마을을 뜻한다. 향당(鄕黨)은 한 단어로 사용하여 '마을'을 뜻한다. 5. 齒는 ①이 치 ②나이 치의 뜻이다. 莫如齒는 '나이만한 것이 없다'는 뜻이다. 6. 長은 술어로 ①길 장 ②기를 장 ③~의 우두머리가 되다, ~의 장(長)이 되다. 여

기서는 ③의 뜻이다.

16-4: 늙은이와 젊은이, 어른과 어린이는 하늘이 나눈 질서이니, 이치(理致)를 어기고 도리를 상하게 해서는 안 된다.

老少長幼(노소장유), 天分秩序(천분질서), 不可悖理而傷道也(불가패리이상도야).

(字義) 1. 老小長幼는 '늙은이와 젊은이, 어른과 아이'를 의미한다. 2. 天分秩序는 '하늘이 정한 절대적인 질서'를 말한다. 3. 不可+술어~는 '~하는 것은 불가하다', '~할 수 없다', '~해서는 안 된다'는 뜻이다.

16-5: 문 밖에 나갈 때는 큰 손님을 대하는 것과 같이 하고, 방으로 들어설 때는 늘 사람이 있는 것과 같이 하라.

出門如見大賓(출문여견대빈), 入室如有人(입실여유인).

16-6: 남이 나를 정중하게 대해 줄 것을 바라면 내가 먼저 남을 정중하게 해 주라.

若要人重我(약요인중아), 無過我重人(무과아중인).

(字義) 1. 要는 '요구함', '바란다'는 뜻이다. 2. 重은 술어로 '(타동사) ~을 중히 여기다'는 뜻이다. 2. 人重我는 '남이 나를 높이다'는 뜻이다. 3. 無過~는 '~에 지나는 것은 없다', '~보다 나은 것은 없다'는 뜻이다.

16-7: 아버지는 아들의 덕을 말하지 말고, 자식은 아버지의 허물을 말하지 말라.

父不言子之德(부불언자지덕), 子不談父之過(자부담부지과).

17. 언어편(言語篇): 말을 조심하라

17-1: 유회(劉會)가 말하기를, "말이 이치에 맞지 않으면 말하지 아니한 것보다 못하다."

劉會曰(유회왈), 言不中理(언부중리), 不如不言(불여불언).

(字義) 1. 劉會는 잘 알려져 있지 않는 인물이다. 2. 中理는 '도리나 이치에 맞다'는 뜻이다. 中은 '맞을 중', '맞힐 중'의 뜻이다. 3. 不如+명사구에서는 '~만 못하다'는 뜻이고, 不如+서술문에서는 '~하는 것만 못하다'는 뜻이다.

17-2: 한 마디 말이 (이치에) 맞지 않으면 천 마디 말이 소용없다.

一言不中(일언부중), 千語無用(천어무용).

17-3: 군평(君平)이 말하기를 "입과 혀는 재앙과 근심의 문이요, 몸을 망치는 도끼와 같다."

君平曰(군평왈), 口舌者(구설자), 禍患之門(화환지문), 滅身之斧也(멸신지부야).

(字義) 1. 君平은 당(唐)나라의 문인이며, 韓宏의 아들이다. 2. 禍患之門은 '재앙과 근심의 문'이라는 뜻이다. 3. 斧는 '도끼 부'의 뜻이다.

17-4: 사람을 이롭게 하는 말은 따뜻하기가 솜과 같고, 사람을 상하게 하는 말은 날카롭기가 가시와 같아서, 사람을 이롭게 하는 한 마디 말은 무겁기가 천금과 같고, 한 마디 말이 사람을 상하게 함은 아프기가 칼로 베이는 것과 같다.

利人之言(이인지언), 煖如綿絮(난여면서), 傷人之語(상인지어), 利如荊棘(이여형극), 一言半句(일언반구), 重値千金(중치천금), 一語傷人(일어상인), 痛如刀割(통여도할).

(字義) 1. 利人은 '사람을 이롭게 한다'는 뜻이다. 2. 煖如綿絮는 '따뜻

하기가 솜과 같다'는 뜻이다. 3. 荊은 '가시 형'의 뜻이다. 4. 棘는 '가시 극'의 뜻이다. 5. 荊棘(형극)은 '가시'란 뜻으로 잘 사용되는 한 단어이다. 5. 値는 ①값 치 ②당(當)할 치, 만날(遇) 치, 여기서는 ②의 뜻이다. 6. 重値千金은 '무게가 천금의 값어치'라는 뜻이다. 7. 割은 '가를 할', '벨 할'의 뜻이다. 8. 痛如刀割은 '아픔이 칼로 베는 것 같다'는 뜻이다.

17-5: **입은 사람을 상하게 하는 도끼요,**
말은 혀를 베는 칼인데,
입을 막고 혀를 깊이 감추면
몸이 어느 곳에 거처하든 편안할 것이다.

口是傷人斧(구시상인부),
言是割舌刀(언시할설도),
閉口深藏舌(폐구심장설),
安身處處牢(안신처처뢰).

(字義) 1. 刀와 牢는 운자에 해당한다. 2. 口是는 '입은 ~이다'의 뜻이다. 3. 牢는 '굳을 뢰(로)'의 뜻이다. 4. 處處牢는 '어디에 있든 틀림없다'는 뜻이다.

17-6: **사람을 만나거든 하고 싶은 이야기의 10분의 3만 말하되, 자기가 지니고 있는 한 조각 마음은 다 버리지 말아야 하나니(속마음을 다 털**

어놓지 말라), 호랑이의 세 입을 두려워하지 말고, 오직 사람의 두 마음을 두려워해야 한다.

逢人且說三分話(봉인차설삼분화), 未可全抛一片心(미가전포일편심), 不怕虎生三個口(불파호생삼개구), 只恐人情兩樣心(지공인정량양심).

(字義) 1. 逢人은 '사람을 만나다'는 뜻이다. 2. 且는 ①또 차 ②장차 차 ③잠시 차, 여기서는 ③의 뜻으로 쓰였다. 3. 三分話은 삼분만 말하라. 즉 하고 싶은 말의 3할(30%)만 말하라는 뜻이다. 4. 全은 술어로는 '~을 온전히 하다'는 뜻이고, 여기서는 술어 앞에서 부사로 사용되어 '전부, 모두'의 뜻이다. 5. 只恐은 '다만 ~을 두려워하라'는 뜻이다. 6. 兩樣心은 '두 형태의 마음'이라는 뜻이다.

17-7: 술은 나를 알아주는 친구를 만나면 천 잔도 적고, 말은 뜻이 서로 통하지 않으면 한 마디도 많다.

酒逢知己千鐘少(주봉지기천종소), 話不投機一句多(화불투기일구다).

(字義) 1. 知己는 '자기를 알아주는 친구'를 뜻하는 한 단어이다. 2. 話不은 '말은 ~하지 않으면'의 뜻이다. 3. 一句多는 '한 마디도 많다'는 뜻이다. 4. 機는 ①베틀 기 ②기미 기의 뜻이 있다.

18. 교우편(交友篇): 친구를 잘 사귀어라

18-1: 공자가 말하기를, "착한 사람과 함께 있으면 마치 향기로운 지초(芝草)와 난초(蘭草)가 있는 방 안에 들어간 것과 같아서 오래되면 그 향기를 맡지 못할지라도 그 향기와 더불어 동화(同化)된 것이고, 착하지 못한 사람과 함께 있으면 절인 생선을 파는 가게에 들어간 것과 같아서 오래되면 그 나쁜 냄새를 맡지 못할지라도 그 냄새와 더불어 동화된다. 붉은 물감을 지니고 있으면 붉어지고, 검은 물감을 지니고 있으면 검어지게 되니, 군자는 반드시 그와 함께 할 사람을 신중히 선택한다."

子曰(자왈), 與善人居(여선인거), 如入芝蘭之室(여입지란지실), 久而不聞其香(구이불문기향), 卽與之化矣(즉요지화의), 與不善人居(여불선인거), 如入鮑魚之肆(여입포어지사), 久而不聞其臭(구이불문기취), 亦與之化矣(역여지화의). 丹之所藏者赤(단지소장자적), 漆之所藏者黑(칠지소장자흑), 是以(시이), 君子必愼其所與處者焉(군자필신기소여처자언).

(字義) 1. 與는 ①줄 여 ②더불을 여, '~와'의 뜻이 있다. 2. 居는 '~에 살다', '~에 있다', '~에 거하다'의 뜻이다. 3. 與善人居는 '선한 사람과 함께 하다'는 뜻이다. 4. 如入은 '마치 ~에 들어간 것 같다'는 뜻이다. 久而는 '오래 있으면'의 뜻이다. 여기서 而는 ~하면(가정, 조건의 접속사)이다. 5. 卽은 부사로 '바로, 곧바로, 당장에'의 뜻으로 접속사인 則과는 다른 글자이다. 6. 化는 '화할 화', '변화하다', '동화하다' 등의 뜻

이 있다. 7. 卽與之化矣는 '곧 그(향기)와 더불어 동화하다'는 뜻이다. 8. 鮑는 '저린 생선 포'이며, 일상에서 흔히 말하는 말린 생선은 脯(포)라 한다. 9. 肆는 ①방사(放肆)할 사 ②가게 사, 저자 사의 뜻이 있다. 10. 丹은 '붉을 단', 여기서는 붉은 돌의 뜻이다. 즉 단사(丹砂)를 의미한다. 11. 所與處者는 '더불어 있을 사람'을 의미한다. 12. 是以는 '이로써, 이런 까닭에'의 뜻으로 관용적인 문구이다.

18-2: 『가어(家語)』에 이르기를, "학문을 좋아하는 사람과 동행하면 마치 안개 속을 가는 것과 같아서 비록 옷이 흠뻑 젖지는 않더라도 때때로 물기가 배어들고, 무식한 사람과 동행하면 마치 뒷간에 앉은 것 같아서 비록 옷은 더러워지지는 않더라도 때때로 그 냄새가 난다."

家語云(가어운), 與好學人同行(여호학인동행), 如霧中行(여무중행), 雖不濕衣(수불습의), 時時有潤(시시유윤), 與無識人同行(여무식인동행), 如厠中座(여측중좌), 雖不汚衣(수불오의), 時時聞臭(시시문취).

(字義) 1. 『家語』는 공자의 저서로 알려져 있지만 위작(僞作)이란 것이 학계의 정설이다. 2. 好+술어는 '~하기를 좋아하다'의 뜻이다. 물론 명사를 한정하기도 한다. 3. 霧는 '안개 무'의 뜻이다. 4, 時時는 '때때로'의 뜻이다. 5. 濕은 '젖을 습'의 뜻이다. 5. 潤은 '젖을 윤', '윤택할 윤'의 뜻이다. 6. 如厠中座는 '마치 뒷간에 앉아 있는 것 같다'는 뜻이다.

18-3: 공자가 말하기를, "안평중은 사람 사귀기를 잘 하는구나, 오래도록 변함없이 벗을 공경했나니."

子曰(자왈), 晏平仲(안평중), 善與人交(선여인교), 久而敬之(구이경지).

(字義) 1. 이 구절은『논어』, 「공야장편(公冶長篇)」나온다. 2. 안평중은 공자와 동시대의 인물로 제(齊)나라 재상 안영(晏嬰)을 말하며, 평중(平仲)은 그의 자이다.

▶ 춘추시대 제나라의 대부 안영의 교우를 평한 공자의 말이다. 사람은 친구를 오래 사귀어 친분이 두터워지면 농담을 심하게 하고 예의를 소홀히 하기 쉽다. 그런데 안평중은 오래 사귀면서도 상대방의 인격을 존중하여 그를 공경하였다고 한다.

18-4: 서로 얼굴을 아는 사람은 세상에 많겠지만 마음을 알아주는 사람은 몇 사람이나 되겠는가.

相識滿天下(상식만천하), 知心能幾人(지심능기인).

(字義) 1. 滿~ 는 '~에 가득하다'는 뜻이다. 2. 幾는 '몇 기'의 뜻이다.

18-5: 술이나 음식을 함께 할 때에는 형이니 동생이니 하는 친구는 많으

나, 급하고 어려운 일을 당하였을 때에 도와줄 친구는 한 사람도 없다.

酒食兄弟千個有(주식형제천개유), 急難之朋一個無(급난지붕일개무).

18-6: 열매를 맺지 않는 꽃은 심을 필요가 없고 의리 없는 친구는 사귀지 말라.

不結子花休要種(불결자화휴요종), 無義之朋不可交(무의지붕불가교).

(字義) 1. 子는 '열매', 또는 '씨'의 뜻이다. 不結子花는 '열매를 맺지 않는 꽃'을 말한다. 2. 休는 금지사로 莫, 毋 등과 의미가 비슷하다. 3. 要+술어는 '~하기를 요구하다'는 뜻이다. 4. 種은 명사로 사용하면 '씨 종'이고, 술어로 사용하면 '심을 종', '씨뿌릴 종'의 뜻이다. 5. 不可+술어는 '~하는 것은 불가하다', '~할 수 없다', '~해서는 안 된다'는 뜻이다. 不可交는 '사귀어서는 안 된다'라는 뜻이다.

18-7: 군자의 사귐은 맑기가 물과 같고, 소인의 사귐은 달콤하기가 단술 같다.

君子之交淡如水(군자지교담여수), 小人之交甘若醴(소인지교감약례).

(字義) 1. 淡은 '맑을 담', '싱거울 담'의 뜻이다. 2. 醴는 '단술 례'의 뜻이다.

▶ 중국 명나라 방정학(方正學)은 "군주의 사귐은 맑은 물과 같아서 세월이 지날수록 우정이 더욱 돈독해지고, 소인의 사귐은 달기가 꿀과 같지만 눈만 돌리면 원수가 되어 버린다."라는 시를 짓기도 하였다.

18-8: 길이 멀어야 말의 힘을 알 수 있고, 오랫동안 지내야만 사람의 마음을 알 수 있다.

路遙知馬力(노요지마력), 日久見人心(일구견인심).

(字義) 1. 遙는 '멀 요'의 뜻이다. 2. 日은 ①날 일 ②해 일 ③ 낮 일의 뜻이 있다. 3. 久는 '오랠 구'의 뜻이다.

19. 부행편(婦行篇): 여성의 도리를 다하라

19-1: 『익지서』에 이르기를,
"여자에게는 네 가지의 아름다운 덕이 있다.
첫째는 부녀자의 아름다운 덕성이요,
둘째는 부녀자로서 갖추어야 할 용모이요,

셋째는 부녀로서 갖추어야 할 말씨이요,
넷째는 부녀자로서 갖추어야 할 솜씨를 말한다.”

益智書云(익지서운),
女有四德之譽(여유사덕지예),
一日婦德(일왈부덕),
二日婦容(이왈부용),
三日婦言(삼왈부언),
四日婦工也(사왈부공야).

(字義) 원문이 길어서 네 단락으로 나누었다. 1. 婦德은 ‘부녀자의 아름다운 덕행’을 뜻한다. 2. 婦容은 ‘부녀자의 용모’를 뜻한다. 3. 婦言은 ‘부녀자의 말씨’를 뜻한다. 4. 婦工은 ‘부녀자의 하는 일’을 뜻한다.

19-2: 부녀자의 덕성이란 재주와 이름이 뛰어남을 뜻하는 것이 아니요,
부녀자의 용모란 얼굴이 아름답고 고움을 뜻하는 것이 아니요,
부녀자의 말씨란 말솜씨가 능란함을 뜻하는 것이 아니요,
부녀자의 솜씨란 기교(손재주)가 다른 사람보다 뛰어남을 뜻하는 것은 아니다.

婦德者(부덕자), 不必才名絶異(불필재명절이),
婦容者(부용자), 不必顔色美麗(불필안색미려),
婦言者(부언자), 不必辯口利詞(불필변구리사),
婦工者(부공자), 不必技巧過人也(불필기교과인야).

(字義) 1. 者는 앞에 다른 말과 붙어서 명사구로 '~라는 것'이라는 의미이다. 2. 不必~은 '~할 필요가 없다', '~할 것을 필요로 하지 않는다'는 뜻이다. 3. 絶異는 '매우 뛰어나다'는 뜻이다. 4. 顔色은 얼굴빛으로 해석되지만 여기서는 '얼굴'이라고 풀이한다. 5. 利는 '날카로울 리'의 뜻이다. 利詞는 '말을 이치에 맞게 잘한다'는 뜻이다. 6. 過人은 '남보다 뛰어난 것'을 뜻한다.

19-3: 부녀자의 덕성이란
마음이 맑고 곧으며 청렴하고 절개 있으며,
분수를 지키며 몸가짐을 바르고 가지런히 하고,
행하고 멈춤에 부끄러움이 있으며,
움직이고 고요함에 법도가 있어야 하는 것이니,
이것이 부녀자의 덕성이다.

부녀자의 용모란
옷의 먼지나 때를 깨끗이 빨아 옷차림을 정결하게 하며,
때때로 목욕하여 몸에 더러움이 없게 하는 것이니,
이것이 부녀자의 용모이다.

부녀자의 말씨란
남이 본받을 만한[사표(師表)가 될 만한] 말을 가려서 하되,
예의에 어긋나는 말은 하지 않고,
말해야 할 때에 말하여 사람들이 그 말을 싫어하지 않게 하는 것이니,
이것이 부녀자의 말씨이다.

부녀자의 솜씨란
길쌈을 부지런히 하고 술 빚는 것을 좋아하지 않고,
맛있는 음식을 준비해서 손님을 접대하는 것이니,
이것이 부녀자의 솜씨가 된다.

其婦德者(기부덕자), 淸貞廉節(청정렴절), 守分整齊(수분정제), 行止有恥(행지유치), 動靜有法(동정유법), 此爲婦德也(차위부덕야). 婦容者(부용자), 洗浣塵垢(세완진구), 衣服鮮潔(의복선결), 沐浴及時(목욕급시), 一身無穢(일신무예), 此爲婦容也(차위부용야). 婦言者(부언자), 擇師而說(택사이설), 不談非禮(부담비례), 時然後言(시연후언), 人不厭其言(인불염기언), 此爲婦言也(차위부언야). 婦工者(부공자), 專勤紡績(전근방적), 勿好暈酒(물호운주), 供具甘旨(공구감지), 以奉賓客(이봉빈객), 此爲婦工也(차위부공야).

(字義) 1. 淸貞廉節은 '맑고 곧으며 청렴하고 절제한다'는 뜻이다. 2. 守分整齊는 '분수를 지키고 정리하여 가지런히 하다'는 뜻이다. 3. 行止는 '행하고 멈추는 것', 즉 일상생활에서의 행동을 말한다. 4. 動靜도 '움직임도 고요함'을 뜻이다. 앞과 마찬가지로 일상의 행동을 뜻한다. 5. 擇은 '가릴 택'의 뜻이다. 6. 浣은 '빨 완'의 뜻이다. 7. 垢는 '때 구'의 뜻이다. 8. 洗浣塵垢는 '먼지와 때를 씻고 빨다'의 뜻이다. 9. 潔은 '깨끗할 결'의 뜻이다. 10. 穢는 '더러울 예'의 뜻이다. 11. 紡은 '길쌈 방'의 뜻이다. 12. 績은 '길쌈 적'의 뜻이다. 13. 暈은 '해달무리 운'의 뜻이다. 14. 供은 ①바칠 공 ②갖출 공, 여기서는 ②의 뜻이다.

19-4: 이 네 가지 덕은
부녀자들이 하나라도 빠뜨릴 수 없는 것이다.
행하기가 매우 쉽고,
이에 힘씀이 올바른 데 있는데,
이에 의하여 행한다면
부녀자로서의 범절이 되는 것이다.

此四德者(차사덕자), 是婦人之所不可缺者(시부인지소불가결자). 爲之甚易(위지심이), 務之在正(무지재정), 依此而行(의차이행), 是爲婦節(시위부절).

(字義) 1. 위 구절에서 是는 술어로서 '~이다'의 뜻이다. 2. 不可는 '~해서는 안 된다'는 뜻이다. 3. 缺은 '결할 결'의 뜻이다. 4. 務는 '~에 힘쓰다'는 뜻이다. 5. 務之在正은 '이를 (네 가지 덕을) 힘씀은 바르게 하는 데 있다'는 뜻이다.

19-5: 태공이 말하기를, "부인의 예절로서는 말소리는 나직하고 조용하며 수줍음이 깃들어 있어야 한다."

太公曰(태공왈), 婦人之禮(부이지례), 語必細(어필세).

(字義) 1. 細는 '가늘 세'의 뜻이다. 2. 語必細는 '말을 자상하고 부드럽게 한다'는 뜻으로 자주 사용된다.

19-6: 어진 부인은 남편을 귀하게 만들고, 악한 부인은 남편을 천하게 만든다.

賢婦令夫貴(현부령부귀), 惡婦令夫賤(악부령부천).

19-7: 집에 어진 아내가 있으면, 남편이 갑작스러운 재앙을 피할 수 있다.

家有賢妻(가유현처), 夫不遭橫禍(부부조횡화).

▶ 어진 아내는 남편을 공경하고 남편의 일에 관심을 가지면서 알게 모르게 남편을 보살핀다. 그리하여 남편에게서 발생할 수 있는 재앙을 미연에 방지한다.

19-8: 어진 부인은 육친을 화목하게 하고, 말재주나 피우는 부인은 육친의 화목을 깨뜨린다.

賢婦和六親(현부화육친), 佞婦破六親(영부파육친).

(字義) 1. 六親은 '부모형제처자(父母兄弟妻子)'를 의미하는 단어이다.

▶ 한 집안이 화목한지 아닌지는 주부의 사람됨에 달려 있다.

■ 증보편(增補篇)

『주역』에 이르기를, "선을 행하여야 세상에 널리 명성을 떨칠 수 있으며, 악을 행하면 자신을 망친다. 소인은 작은 선이 큰 도움이 되지 않는다고 여기면서 행하지 않으며, 작은 악이 큰 지장을 주지 않는다고 여기면서 버리지 않는다. 그래서 자신도 모르는 사이에 악이 숨길 수 없을 정도로 쌓여서, 그 죄가 해결할 수 없을 정도로 커지는 것이다."

周易曰(주역왈), 善不積(선부적), 不足以成名(부족이성명), 惡不積(악부적), 不足以滅身(부족이멸신), 小人(소인), 以小善爲无益而弗爲也(이소선위무익이불위야), 以小惡爲无傷而弗去也. (이소악위무상이불거야). 故(고), 惡積而不可掩(악적이불가엄), 罪大而不可解(죄대이불가해).

(字義) 1. 足以+술어로 사용되어 '족히 ~할 수 있다'의 뜻이다. 위 문장의 不足以+술어는 '~하기에 부족하다'는 뜻이다. 2. 弗은 '아니 불'의 의미이다. 3. 无는 無의 고자(古字)이다. 4. 去는 자동사로 사용되면 '갈 거'의 뜻이고, 타동사로 사용되면 '버릴 거'의 뜻이다. 위 문장에서는 타동사로 사용되었다. 5. 掩은 '가릴 엄'의 뜻이다.

서리를 밟으면 얼음이 된다 하니, 신하가 그 임금을 죽이며 자식이 그 아비를 죽이는 것이 하루아침이나 하루저녁의 일이 아니라 그 유래가 오래된 것이다.

履霜堅氷至(이상견빙지), 臣弑其君(신시기군), 子弑其父(자시기부), 非一旦一夕之事(비일단일석지사), 其由來者漸矣(기유래자점의).

(字義) 1. 위 구절은『주역』,「문언전(文言傳)」곤괘(坤卦)를 해석한 것이다. 곤괘(坤卦)를 구체적으로 설명하고 있는「문언전」에는 다음의 구절이 있다. "선을 쌓은 집안은 반드시 남는 경사가 있고, 불선을 쌓은 집안에는 반드시 남는 재앙이 있다. 신하가 그 임금을 죽이고 자식이 그 아비를 죽이는 일이 벌어진 것은 하루아침과 하루저녁에 그렇게 된 것이 아니다. 그 유래는 점차적으로 이루어진 것이다. 일찍이 변론해야할 것을 변론하지 않은 데서 유래된 것이다. 역(易)에 이르기를 서리를 밟고서 굳은 얼음이 얼 것을 안다고 한 말은 대개 근신할 것을 말한 것이다."라고 하였다. 2. 履는 '신 리', '밟을 리'의 뜻이다. 3. 弑는 (아랫사람이 윗사람을) '죽일 시'의 뜻이다. 4. 旦은 '아침 단'의 뜻이다. 5. 漸은 '점점 점'의 뜻이다.

■ 염의편(廉義篇)

인관(印觀)이라는 사람이 시장에서 솜을 파는데 서조(署調)라는 사람이 곡식을 주고 솜을 사 가지고 돌아갈 때 솔개가 그 솜을 채 가지고 인관의 집에 떨어뜨렸다. 인관이 서조에게 (그 솜을) 돌려보내며 말하기를,

"솔개가 그대의 솜을 내 집에 떨어뜨렸는지라 당신에게 돌려줍니다."

그러자 서조가 말하였다.

"솔개가 솜을 채어 그대에게 준 것은 하늘의 뜻입니다. 내가 어찌 받

을 수 있겠습니까?"

인관이 말하였다.

"그렇다면 그대의 곡식을 돌려주겠소."

서조가 말하였다.

"내가 당신에게 준 것이 시장이 선지 벌써 이틀이나 지났으니 곡식은 이미 당신에게 속한 것이요."

라고 하면서, 두 사람이 서로 사양하다가 솜과 곡식 모두를 장에 버렸다. 장을 맡아 다스리는 관원이 이를 임금에게 알리자 이 사실을 들은 임금은 (두 사람에게) 나란히 벼슬을 주었다.

印觀賣綿於市(인관매면어시), 有署調者以穀買之而還(유서조자이곡매지이환), 有鳶攫其綿(유연확기면), 墮印觀家(타인관가).
印觀(인관), 歸于署調曰(귀우서조왈), 鳶墮汝綿於吾家(연타여면어오가) 故(고), 還汝(환여).
署調曰(서조왈), 鳶攫綿與汝(연확면여여), 天也(천야). 吾何爲受(오하위수) 印觀曰(인관왈), 然則還汝穀(연즉환여곡), 署調曰(서조왈), 吾與汝者市二日(오여여자시이일), 穀已屬汝矣(곡이속여의), 二人相讓(이인상양), 幷棄於市(병기어시), 掌市官以聞王(장시관이문왕), 竝賜爵(병사작).

(字義) 1. 印觀과 署調는 신라 때의 사람으로 알려져 있다. 2. 綿은 '솜 면'의 뜻이다. 3. 攫은 '움켜쥘 확'의 뜻이다. 4. 墮는 '떨어질 타'의 뜻이다. 5. 何爲는 '무엇을 위하여?', '무엇 때문에?', '왜?' 등의 뜻으로 관용적으로 사용된다. 6. 屬은 '속할 속', '~에 속하다'는 뜻이다. 7. 掌은 ①손바닥 장 ②맡을 장 ③받들 장의 뜻이 있다. 8. 竝은 '나란히 병'의

뜻이다. 9. 爵은 '벼슬 작'의 뜻이다.

홍기섭(洪耆燮)은 젊었을 때 말로 표현할 수 없을 정도로 가난하였다. 하루는 이른 아침에 어린 계집종이 기쁜 듯이 뛰어와서 돈 일곱 냥을 바치며 말하기를,

"이것이 솥 안에 있는데, 이만하면 쌀이 몇 섬이요, 나무가 몇 짐입니다. 참으로 하늘이 주신 것입니다."

공이 놀라서 "이것이 어찌된 돈인가?"하고 말하면서, "돈 잃어버린 사람은 찾아가라."라는 글을 써서 대문 위에 붙였다.

얼마 후 성이 유(劉)씨라는 사람이 찾아와 글 뜻을 묻거늘, 공은 빠짐없이 상세히 그 사연을 말해주었다.

유씨가 말하기를,

"남의 솥 안에다 돈을 잃어버릴 사람이 어디 있습니까? 정말로 하늘이 주신 것인데 어찌 취하지 않으십니까?"

공이 말하기를, "나의 물건이 아닌데 어찌 가질 수 있겠는가."

유씨가 꿇어 엎드리며 말했다. "사실은 어젯밤 소인이 댁의 솥을 훔치러 부엌에 들어가 보니 가세(家勢)가 쓸쓸한 것을 딱하게 여겨 제가 가지고 있던 돈을 솥 안에 넣고 돌아갔습니다. 지금 나리의 청렴하심에 감복되어 양심이 저절로 일어나 도둑질을 하지 않기로 맹세하고, 앞으로는 항상 옆에서 모시기를 원하오니 염려 마시고 그 돈을 취하기를 바랍니다."

공이 바로 돈을 돌려주며 말하기를,

"당신이 착한 사람이 된 것은 좋은 일이나 이 돈은 받을 수 없소."하고 끝끝내 받지 않았다.

훗날 공은 판서가 되고 그의 아들 재룡(在龍)은 헌종(憲宗)의 장인이

되었으며, 유씨도 또한 신임을 얻어서 몸과 집안이 크게 번창하였다.

洪耆燮(홍기섭), 少貧甚無料(소빈심무료), 一日早(일일조), 婢兒踊躍獻七兩錢曰此在鼎中(비아용약헌칠량전왈차재정중), 米可數石(미가수석), 柴可數馱(시가수태) 天賜天賜(천사천사), 公驚曰是何金(공경왈시하금), 卽書失金人推去等字(즉서실금인추거등자), 付之門楣而待(부지문미이대), 俄而姓劉者(아이성유자), 來問書意(내문서의), 公悉言之(공실언지).

劉曰理無失金於人之鼎內(유왈리무실금어인지정내), 果天賜也(과천사야), 盍取之(합취지).

公曰非吾物(공왈비오물), 何(하).

劉俯伏曰小的(유부공지렴개), 昨夜(작야), 爲竊鼎來(위절정래), 還憐家勢蕭條而施之(환련가세소조이시지).

今感公之廉价(금감공지렴개), 良心自發(양심자발), 誓不更盜(서불갱도), 願欲常侍 (원욕상시), 勿慮取之(물려취지). 公卽還金曰(공즉환금왈), 汝之爲良則善矣(여지위량즉선의), 金不可取(금불가취), 終不受(종불수) 後(후) 公爲判書(공위판서), 其子在龍爲憲宗國舅(기자재룡위헌종국구), 劉亦見信(유역견신), 身家大昌(신가대창).

(字義) 1. 홍기섭은 조선 후기의 문신으로 형조판서와 예조판서를 역임하였다고 한다. 2. 少는 '어릴 소'의 뜻이다. 3. 料는 ①재료 료 ②봉급 료 ③다스리다 료 ④헤아릴 료의 뜻이 있다. 여기서는 ④헤아린다는 뜻으로 사용되었다. 4. 婢는 '계집종 비'의 뜻이다. 5. 踊는 '뛸 용'의 뜻이다. 6. 躍은 '뛸 약'의 뜻이다. 7. 鼎은 (다리가 셋인) '솥 정'의 뜻이다. 8. 柴는 '땔나무 시'의 뜻이다. 9. 馱는 '짐실을 태', '바리 태'

의 뜻이며, '바리'는 말이나 소에 잔뜩 실은 나뭇짐을 말한다. 10. 卽은 '바로', '곧장', '즉시'의 뜻이다. 11. 書는 명사로는 '글 책'으로 사용되지만 술어로 사용되면 '쓰다'의 뜻이다. 12. 推去는 '찾아가라'는 뜻의 한 단어이다. 13. 楣는 '문미(門楣) 미'의 뜻이며, '문미'는 '문 위에 가로댄 나무'를 말한다. 14. 悉은 '모두 실', '다 실', '다할 실'의 뜻이 있다. 15. 盍는 '어찌 아니할 합'의 뜻이다. 16. 俯는 '구부릴 부'의 뜻이다. 17. 竊은 '훔칠 절', '몰래 절'의 뜻으로 사용된다. 18. 還은 '돌아올 환'의 뜻으로 사용하지만 부사로 사용할 경우에는 '도리어'의 뜻이다. 19. 憐은 '불쌍히 여길 련'의 뜻이다. 20. 蕭는 '쓸쓸할 소'의 뜻이다. 蕭條는 한 단어로 사용되어 '적막하다'는 뜻이다. 21. 廉은 '청렴할 렴'의 뜻이다. 22. 价는 '착할 개'의 뜻이다. 23. 誓는 '맹서할 서'의 뜻이다. 24. 舅는 '외삼촌 구'의 뜻이며, 國舅는 한 단어로 '임금의 장인'을 뜻하는 말이다. 25. 見은 술어 앞에서 피동형으로 사용된다. '見信'은 '신임을 얻다', 見死는 '죽다'의 뜻이 된다.

고구려 평원왕(平原王)의 딸이 어렸을 때 울기를 좋아하니 왕이 놀리며 말하기를, "장차 너를 바보 온달에게 시집보내리라."

(딸이) 자라서 상부(上部) 고씨(高氏)에게 시집을 보내려고 하자, 딸이 임금이 거짓말해서는 안 된다 하면서 굳이 사양하고 마침내 온달의 아내가 되었다.

온달은 집이 가난하여 돌아다니면서 구걸해 어머니를 봉양하였는데, 그때 사람들이 이를 보고 바보 온달이라고 불렀다.

어느 날 온달이 산속에서 느티나무 껍질을 짊어지고 돌아오니 임금의 딸이 찾아와 말하기를, "나는 바로 그대의 아내입니다."라고 하면서, 비

녀 등 장식품을 팔아 밭과 집과 살림살이를 사서 매우 부유해지고, 말을 많이 길러 온달을 도와 마침내 이름이 빛나고 영달하게 되었다.

高句麗平原王之女(고구려평원왕지녀), 幼時好啼(유시호제), 王戲曰以汝將歸愚溫達(왕희왈이여장귀우온달), 及長(급장), 欲下嫁于上部高氏(욕하가우상부고씨), 女以王不可食言(여이왕불가식언), 固辭(고사), 終爲溫達之妻(종위온달지처). 蓋溫達家貧(개온달가빈), 行乞養母(행걸양모), 時人目爲愚溫達也(시인목위우온달야).
一日(일일), 溫達自山中(온달자산중), 負楡皮而來(부유피이래), 王女訪見曰吾乃子之匹也(왕녀방견왈오내자지필야), 乃賣首飾而買田宅器物(내매수식이매전택기물), 頗富(파부), 多養馬以資溫達(다양마이자온달), 終爲顯榮(종위현영).

(字義) 1. 온달은 고구려의 장군으로 신라와의 아차산성(서울 광나루 아차산) 전투에서 전사하였다. 2. 啼는 '울 제'의 뜻이다. 3. 戲는 '놀이 희', '희롱할 희'의 뜻이 있다. 4. 歸는 '돌아갈 귀', '돌려보낼 귀', '시집갈 귀'의 뜻이 있다. 5. 嫁는 '시집갈 가'의 뜻이다. 6. 食言이란 '한 번 입에서 나온 말을 다시 입으로 들여 보낸다'는 뜻이며, 거짓말을 하는 것을 말한다. 『서경』 탕서(湯誓)에는 탕왕이 걸왕을 칠 때 박(亳) 땅의 백성들에게 맹세하면서 "나는 식언하지 않는다."라고 한 용례가 있다. 한편 주 성왕(成王)이 오동잎을 어린 동생에게 주면서 장난으로 "이것으로 너를 제후에 봉하리라."고 하자, 주공이 들어와 치하하니 성왕이 "장난이었다."고 하였지만, 주공은 "천자는 농담을 할 수 없다."라고 하여 끝내 어린 아우를 당(唐) 제후로 봉해주었다고 한다. 그래서 식언은 약속을 지키지 않는다는 뜻으로 자주 쓰인다. 7. 固辭

도 일상생활에서 자주 사용하는 말로 '남이 권유한 일이나 물건을 단단한 마음으로 굳게 사양한다'는 뜻이다. 固는 부사로 '진실로 고', '본래 고'의 뜻이 있으며, 辭는 '사양할 사'의 뜻이다. 8. 終은 부사로 사용되어 '끝내', '결국', '마침내'의 뜻이다. 9. 蓋는 문장 앞에서 '대개', '일반적으로'의 뜻으로 사용된다. 10. 目爲~는 '지목하여 ~로 여기다'의 뜻이다. 11. 楡는 '느티나무 유'의 뜻이다. 12. 飾은 '꾸밀 식'의 뜻이다. 13. 頗는 동사로 '치우칠 파, '바르지 못할 파'의 뜻으로 사용되며, 부사로는 '자못 파', '조금 파'의 뜻으로 사용된다. 14. 資는 '도울 자'의 뜻이지만 현대에는 주로 '재물 자'로 자주 쓰인다.

『명심보감』
해설

1. 『명심보감』 저자 문제

『명심보감』의 저자가 누구인지는 분명하지 않다. 최근 출판된 『명심보감』에는 저자를 (范立本) 또는 추적(秋適)으로 표기되어 있다. 하지만 조선 말기부터 1970년 이전까지 『명심보감』 저자는 고려 말 저명한 유학자인 추적(秋適, 1246~1317)이라는 것이 통설이었다. 지금도 이 통설의 영향으로 한글 번역본 『명심보감』에는 추적을 저자로 표기하고 추적의 약력까지 적고 있는 책들이 있다. 그러나 『명심보감』의 성립연대와 추적의 생몰연대를 비교해 보면, 추적은 초략본의 저자일 수 없다. 『명심보감』의 성립연대가 1393년인데, 추적의 생몰연대는 1246~1317년으로 양자의 선후 관계가 뒤바뀌어져 있다. 추적은 『명심보감』 초략본이 편찬되기 100여 년 전에 살았던 인물이기 때문에 『명심보감』과 무관하다.

그렇다면, 왜 1970년대 이전까지 『명심보감』의 저자를 추적으로 알고 있었는가? 『명심보감』은 중국에서 발간되어 조선 초기에 유입되었고, 조선 중기에는 완본의 1/3 정도로 요약한 초략본(抄略本)이 간행되었다. 초략본이 작자 미상인 채로 오랫동안 조선에 정착하면서 원본은 그 존재 가치를 상실하면서 완전히 잊혀졌고, 조선 후기에는 초략본을 원본으로 생각하기에 이르렀다. 그런 와중에 1860년대에 추계추씨(秋溪秋氏) 후손인 추세문이 대구의 인흥재사(仁興齋舍)에서 『명심보감』을 간행하면서 이 책의 저자를 추적으로 기록하였다. 추계추씨(秋溪秋氏) 가문은 『명심보감』을 보물처럼 간직하면서 후손들에게 전수하다가 조선 후기에 『명심보감』이 자신의 조상 중에 유명한 학자인 추적과 관련이 있다고 추정하고, 『명심보감』 판본에 추적을 저자로 기록하였다. 그리고 추계추씨 문중에서는 당시 유명한 유학자인 김해 부사 허전(許傳)에게 『명심보감』의 서문과 발문을 부탁하였다. 허전은 추계추씨 문중의 부탁을 받고 처음에는 거절하다가 조상을 기리는 마음에 감동하여 그 부탁을 수락하였다. 허전이 『명심보감』 서문에 추적이 편찬한 것처럼 쓴 후 조선 후기 유학계에서는 『명심보감』의 저자는 추적이라는 설을 통설로 받아들였고, 오늘까지도 그 설이 여전히 인정받고 있다.[1]

하지만 1970년대 초 이우성 교수가 영남지역 어느 고택에서 『명심보감』의 기존 판본과 다른 판본을 발견하였다. 학계에서는 이 판본을 1454년 청주에서 발간한 판본이라고 해서 '청주본(淸州本)'으로 부른다. 『명심보감』 청주본에는 저자가 추적이 아니라 중국인 '무림후학(武林後學) 범입본(范立本)'으로 적혀 있었다. 무림(武林)은 중국 절강성(浙江省)에 있는 지역명이다. 『명심보감』은 한국인이 아닌 중국 지식인이 편찬한 책이라는 것을 짐작할 수 있다. 범입본이 편찬한 것으로 알려진 『치가절요(治家節要)』 서문에 『명심보감』을 언급되고, 『명심보감』에서 자주 인용된 경행록(景行錄)에 관한 구절도 자주 인용된다. 그리고 1592년 스페인어로 번역된 『명심보감』에서도 저자를 '무림후학 범입본'으로 기록되어 있다. 이런 신빙성 있는 자료들에 근거해 볼 때, 『명심보감』의 저자는 추적이 아닌 범입본이라는 것을 알 수 있다.

『명심보감』은 초략본은 범입본의 『명심보감』 과는 다르다. 범입본은 유교, 불교, 도교의 삼교합일 사상을 중심으로 『명심보감』을 편찬하였지만, 초략본 편찬자는 조선 시대의 유교 국교화 정책을 반영하

1 성해준, 『동아시아 『명심보감』 연구』, 도서출판 문, 2011, 41~57쪽 참조

여 유교 사상을 중심으로 20편으로 편찬하고, 한국 문헌에서 「팔반가」, 「효행속편」, 「염의」, 「권학」 4편을 뽑아 모두 24편으로 구성하였다. 그래서 오늘날 우리가 읽는 『명심보감』에는 범입본 단독 저자로 표기해서는 안 된다. 초략본 저자도 함께 표기해야 한다. 하지만 『명심보감』 초략본에는 편찬자가 누구인지 적혀 있지 않다. 이는 동양전통사회의 출간 문화와 관련이 있을 수 있다. 동양전통사회에서는 저작자 불명의 책 또는 글이 많이 전해 내려온다. 이는 전통사회 문인들이 지나친 겸손 때문에 자기가 지은 책에 자신의 이름을 분명하게 밝히는 것을 꺼렸기 때문일 수 있다. 이뿐만 아니라 저자가 경제적인 이유로 쉽게 출간하지 못하다가 그 저자 사후에 후손들이 발간하는 경우도 흔히 있었다. 실제로 몇 세대가 지나면 자료는 있지만, 저자가 누구인지를 알 수 없는 경우도 많았다. 특히 『명심보감』과 같이 한 개인이 직접 집필한 책이 아니라 이전 문헌에서 필요한 문구를 골라서 편집한 원본에 본문 그 자체를 삭제하거나 본래의 『명심보감』에는 없는 내용을 보완하는 과정을 반복하면서 저자가 불분명해졌기 때문에 기록할 수 없었다.

2. 『명심보감』의 집필 동기와 특징

『명심보감』(청주본) 서문에 따르면, 『명심보감』(초판본)은 1393(洪武 26년)에 발간되었다. 1939년은 중국 명대(明代) 태조(太祖) 26년에 해당된다. 그래서 범입본은 원대(元代) 말기에 출생하여 명대 초기에 활동한 재야 지식인으로 추정된다. 그러나 청주본『명심보감』 서문에서 언급한 초판본(1393년) 판본은 중국은 물론이고 한국과 일본 등에서 발견되지 않았다. 그래서 범입본이 어떤 의도로『명심보감』을 편집했는지 알 수 없다.

범입본이『명심보감』을 편찬한 1393년은 중국의 명대 초기로 태조에 의한 군주제도가 확립된 시기로 정치는 점차 황폐화의 길로 접어들고 있었다. 이때 국가 이데올로기의 중추 역할을 하던 주자학은 관학으로 전락하면서, 유학은 더 이상 도덕성 함양을 위한 학문이 아니라 이름을 높이고 이득을 얻는 수단으로 전락하였다. 이러한 사상적 분위기와 정치에 환멸을 느낀 학자들 중에는 초야에 묻혀 학문 연구와 세상 교화를 위해 노력한 지식인들이 많았다. 범입본도 이런 유형의 지식인에 속한다.『명심보감』원본 서문에 자신을 '무림 후학'으로 기록하고 있다. 특히 중국 남방 절강성 무림이라는 지역은 예로부터 벼슬에 나아가지 않고 은둔생활을 하면서 백성을 교화시키고 세상을 참되고 올바른 길로 인도하려는 지식인들이 많이 은거한 것으로 알려져 있다. 범입본도 이런 학문적 태도를 계승해서 정치에 나아가지 않고 무림이라는 지역에 은거하면서 서민들의 도덕교육을 위해서 노력했고, 그의 노력의 결실이 바로『명심보감』이다.

『명심보감』은 전문이론서가 아니라 서민의 교화서이다.『명심보감』에는 성리학의 핵심 용어인 '이기론(理氣論)', 도가의 무위자연(無爲自然), 불교의 공(空)과 같은 우주와 인간 심성에 관한 난해한 철학적 용어는 없다. 이러한 철학적 용어는 전문적으로 공부하고 수행하는 지식인들에겐 필요할 수 있겠지만, 서민에게는 오히려 "아 이렇게 살면 안 되겠구나!"라고 깨우칠 수 있는 강력한 금언이나 명언 한 구절이 더 유익할 수 있다.『명심보감』은 서민들이 쉽게 배우고 성찰하고 실천할 수 있는 격언집을 편찬한 서적인데, 이는 범입본의 것으로 보이는 서문에서도 밝히고 있다.

> 이 책에서 이른바 선한 구절을 말한 것은 남의 선함을 자극하여 계도(啓導)해 줄 수 있고, 악한 구절을 말한 것은 타인들이 방자한 것을 혼내서 방지하기 위한 것이다. 이런 연유로 선인(先人)들이 이미 알고 있던 여러 책에서 일반인에게 요긴한 말을 뽑아서 자애로운 아이들을 가르치고 일깨워 주신 명구(名句)를 모아서 하나의 체계를 세웠으니, 이를 '명심보감'이라 하였다.[2]

『명심보감』은 선인들의 경전에서 선한 구절과 악한 구절을 뽑아서 독자가 착한 일을 하고 나쁜 일을 경계하는데 유익한 선한 구절과 악한 구절을 골라서 편찬하면서 하나의 이론 체계를 확립하였다고 한다. 그러나 『명심보감』에는 여러 학파의 경전을 동시에 인용하면서 상충되는 구절도 있고, 출처가 불분명한 구절도 있고, 심지어 출처가 잘못 표기된 구절도 있다. 그래서 조선 유학자들은 『명심보감』을 전적(典籍)으로 인정하지 않았다. 유학자들은 철학적 진리를 현실에서 실천해야 한다고 주장하지만 그런 선언적 주장은 때로는 서민들에게는 공허한 진리로 비친다. 서민들은 이러한 이론보다는 구체적인 상황에서 어떻게 수신해야 하고, 일상에서 삶은 어떻게 살아야 하는지와 같은 실천적인 문제가 더욱 중요하다. 그래서 서민을 교화하기 위한 저서일 경우에는 반드시 엄밀한 이론 체계를 갖출 필요는 없다.

2 『明心寶鑑序』, 所謂言善者, 可以感發人之善心; 言惡者, 可以懲創人之逸志, 是故, 集其先輩已知通俗諸書之要語, 慈尊訓誨之善言, 以爲一譜, 謂之明心寶鑑

『명심보감』이 널리 읽히는 이유도 독자 자신을 짧은 금언(金言)에 자신의 삶을 비쳐 볼 수 있기 때문이다. 그래서 『명심보감』은 독자가 생활인으로서 갖추어야 할 기초적인 덕성이 무엇인지를 알려주기 위한 책이다.

『명심보감』에는 공자, 맹자, 성리서, 주자 등 유학자의 격언을 기록하고 있을 뿐만 아니라 불교, 도교, 그리고 역사서의 내용 등 여러 영역의 내용을 담고 있다. 이는 바로 『명심보감』이 특정한 학파의 이론을 소개하는 서적이 아니라는 것을 알 수 있다. 물론 『명심보감』 초략본에는 조선 시대의 유교 국교화 정책으로 인해 유학과 관련된 구절이 도교와 불교보다 더 많이 수록되어 있다. 그렇다고 『명심보감』을 유학 이론서라고 말할 수는 없다. 『명심보감』은 선한 삶을 제시하지만, 선이 무엇인지를 구체적으로 언급하지는 않는다. 예를 들면, 「계선편」를 보면, 유교 경전의 글도 있고, 도교 경전 글도 있고, 불교 문구도 있다. 편찬자는 유명한 옛사람의 글 가운데에서 배우기 쉽고 실천하기 좋은 글만을 발췌했다. 「계선편」에서는 특정 학파의 선을 강조하고자 한 것은 아니라 어떤 선이든 선을 꾸준히 실천하려는 마음 자세가 중요함을 지적하고 있다. 이는 『명심보감』의 마음에 관한 구절에서도 알 수 있다. 유교, 불교, 도교 모두 마음을 강조하지만 각 학파가 말한 마음은 다르다. 하지만 『명심보감』에서 마음이 어느 학파의 마음인지 분명하지가 않다. 이는 『명심보감』의 저자가 특정한 학파의 도덕 이론을 일반인에게 전달하려는 것이 아니라 독자의 가치관에 따라서 필요한 사상을 수용하도록 하였다. 사람마다 가치관이 다르고, 때와 장소에 따라 상황이 다르다. 『명심보감』은 다양한 학파의 도덕 지침과 성찰 방식을 제시해 줌으로써 독자 스스로 반성하고 깨닫고 실천할 수 있도록 도움을 주는 지침서이다.

『명심보감』은 서민을 대상으로 편찬한 책이다. 서민의 도덕교육 또한 지식인과 달라야 한다. 도덕교육을 원만하게 시행하기 위해서는 도덕교육의 이론적 타당성도 중요하지만 이에 못지않게 교육 대상의 가치관과 지적 수준을 이해해야 한다. 공자는 "군자(君子)는 의로움을 좋아하고 소인(小人)은 이익을 좋아한다"라고 말하였다. 군자는 의로움을 가치의 근본적인 목적으로 삼지만, 소인은 의로움보다는 이익을 추구한다. 일반인은 금전을 추구하기도 하고 오래 살고자 하며 높은 신분에 오르기를 바란다. 그래서 『명심보감』 편찬자는 서민의 가치관과 지적 수준에서 도덕적 삶을 살 수 있도록 하고자 한다. 도덕적 소양이 부족한 서민에게 도덕적 동기를 부여하는 방법 중에 하나가 바로 복과 관련해서 선을 권하는 것이다. 그래서 「천명편」과 「순응편」에서는 하늘의 권위를 끌어오고 있다. 하늘은 선한 행위를 하면 복을 주고 그렇지 않으면 재앙을 준다. 독자는 복을 받기 위해서 선을 행한다. 물론 유학에서는 어떤 공리적인 목적을 위해 도덕적인 행위를 해서는 안 된다고 한다. 즉 도덕적인 행위 그 자체를 위해서 행위해야 한다고 본다. 하지만 『명심보감』에서는 선한 행위를 복과 관련짓는다. 『명심보감』은 덕복일치(德福一致)의 민간종교의 형태를 지녔기 때문에 민간에서 널리 읽힐 수 있었다.

3. 『명심보감』의 핵심 내용

『명심보감』 초략본은 원본에서 유가사상을 중심으로 문구를 골라 20편으로 엮고, 그 엮은 20편에 증보편 4편을 보완하여 24편으로 구성된 판본이다. 증보편 4편은 새로운 주제를 보완한 것이 아니라 초략본 20편 명언에 해당하는 사례를 한국 문헌에서 골라 소개하고 있다. 『명심보감』 은 「계선편」, 「천명편」, 「순명편」, 「효행편」, 「정기편」, 「안분편」, 「존심편」, 「계성편」, 「근학편」, 「훈자편」, 「성심편(上)(下)」, 「입교편」, 「치정편」, 「치가편」, 「안의편」, 「준례편」, 「언어편」, 「교우편」, 「부행편」으로 구성되어 있다. 『명심보감』은 중국 고전에서 선현들의 금언 명구를 뽑아서 나열하고 있기 때문에 책 전체 내용을 정리하기가 쉽지는 않다. 『명심보감』은 전체 내용을 체계적으로 이해하기 위한 서적이 아니라 금언이나 명구를 통해서 자신의 마음을 반성해 보기 위한 서적이다. 그래서 『명심보감』 초략본 20편을 다섯 영역으로 분류할 수 있다. 다섯 영역에 제목을 붙이고 각 영역에 해당하는 편을 나열하면 다음과 같다.

1. 인과응보의 순리와 인간도리: 「계선편」, 「천명편」, 「순명편」
2. 자기수양과 생활철학: 「효행편」, 「정기편」, 「안분편」, 「존심편」, 「계성편」
3. 인격함양의 이상과 전인교육: 「근학편」, 「훈자편」, 「성심편(上),(下)」
4. 치세와 치가의 윤리: 「입교편」, 「치정편」, 「치가편」, 「안의편」
5. 기본적 생활윤리: 「준례편」, 「언어편」, 「교우편」, 「부행편」

위의 각 영역의 구체적인 내용은 다음과 같다.

1) 인과응보의 순리와 인간 도리

『명심보감』에는 인간의 도덕적 행위와 화복을 연결한 문구를 중국 고전에서 골라서 기록하고 있다. 『명심보감』에서는 하늘을 응보의 주체로 삼아서 인과응보의 순리에 절대적인 권위를 부여한다. 그러나 『명심보감』에서와 같이 하늘이 선한 사람에게 복을 주고, 악한 사람에게 재앙을 준다고 생각할 필요는 없다. 우리는 주변에서 착한 행위를 하는 사람을 만나면 돕고 싶지만 악한 사람은 미워하고 다가가기를 꺼린다. 일상의 경험을 통해서 덕과 복의 인과응보를 설명한다.

「계선편」에서는 선악(善惡)에 관한 명구들을 소개한다. 하지만 선과 악에 대한 구체적인 설명은 없다. '계선(繼善)'은 '착한 일을 계속해야 한다.'라는 의미이다. 그래서 이 편에서는 선을 끊임없이 행해야 한다는 것을 권한다. 「천명편」에서는 하늘의 명령을 언급하면서 인간이 선하게 살기 위해 어떻게 해야 하는지에 관한 명구를 모아 놓았다. 실제로 하늘은 아무 소리도 듣지 못하고 그저 푸르기만 하다. 그런 하늘은 높은 곳에 있는 것도 아니고 멀리 있는 것도 아니라 사람의 마음에 있다. 다른 사람을 속일 수는 있어도 자신의 양심을 속일 수 없다. 자신의 잘못은 그 누구보다도 자신이 잘 안다. 사람은 언제나 남이 듣지 않고 보이지 않는 곳일수록 더욱 말과 행동을 조심해야 한다. 그래서 늘 혼자 있을 때 조심하지 않으면 해를 당할 수 있다. 하늘의 뜻에 따라서 살고자 하거나 거스르면서 살고자 한 것은 마음에 의해 결정된다. 성리학에서는 하늘의 뜻(사람의 본성)을 따르고자 하는 마음을 도심(道心)이라 하고, 사사로운 욕심에 따라는 마음을 인심(人心)이라 한다. 하늘의 명에 따르는 것을 선이라 하고, 하늘의 뜻을 어기는 것을 악이라 한다. 그래서 『명심보감』에서는 서민들이 선을 실천하고 악을 피하기를 권한다.

「순명편」에서는 인간이 해야 할 일이 무엇인지를 논하고 있다. 순명은 일반적으로 운명에 순응한다는 말이다. 그러나 공자는 인간의 수명과 부귀는 인간이 노력한더라도 얻을 수 있는 것이 아니라고 말한다. 인간은 영원히 살고 싶고 부귀를 누리고자 하지만 그렇게 되지는 않는다. 부귀와 수명은 인간이 어떻게 할 수 없는 일이다. 공자는 하늘이 인간에게 내린 명(命)은 도덕적인 삶을 사는 데 있다고 한다. 공자는 인간이 할 수 있는 일과 할 수 없는 일을 구분하면서 도덕적인 삶만이 인간이 할 수 있는 일이라고 말하였다. 이 편에서는 인간의 본분을 알지 못하고 분수에 넘치는 일은 하지 말라고 권한다.

2) 자기 수양과 생활 철학

『명심보감』에서는 자기수양과 생활철학을 제시한다. 우리는 착하게 살아야 한다는 것은 알고 있지만, 일상생활에서 어떻게 해야 하는지는 잘 모른다. 그래서 『명심보감』에서는 자기 수양을 어떻게 해야 하는지에 관한 명어들을 모아 놓았다. 『명심보감』에서는 효를 모든 행위의 근본으로 삼는다. 인간은 태어나면서부터 부모에게서 사랑을 배우면서 자라난다. 부모가 자식을 사랑하는 것은 동물적이고 생리적인 현상이지만 자식이 부모에게 효도하는 것은 인간의 본분이며 의무이다.

「효행편」에서는 부모의 자식에 대한 무한한 사랑과 은혜를 강조하면서 자식이 부모를 섬김에 있어서 공경(恭敬), 봉양(奉養), 시봉(侍奉), 상장(喪葬), 제사(祭祀)를 받드는 도리를 다해야 하고, 거기에 따른 자식의 마음가짐을 말하고 있다. 『명심보감』에는 자식이 해야 할 효를 설명하면서, 서민들이 쉽게 익힐 수 있도록 효행의 실천을 제시하고 있다. 자신이 부모에게 효도하면 자식들도 효행을 본받아서 효도할 것이라는 인과응보(因果應報)의 논리를 강조한다. 부모에게 불효하고서 효도하는 자식을 두겠다고 한다면, 이는 자연의 이치를 거스르는 독선이라고 비난한다.

증보편에 수록된 「팔반가(八反歌)」에는 부모와 자식 간에 서로 입장을 바꾸어 생각해 볼 것을 권한다. 즉 자식을 사랑할 때 부모가 나에게도 그렇게 한 것을 되돌아 보면서 부모를 정성껏 봉양해야 한다는 것이다. 마지막으로 「효행속(孝行續)편」에는 효행을 실천한 인물로 손순(孫順), 향덕(向德), 도씨(都氏)를 소개하고 있다.

「안분편」에서는 착한 삶을 살기 위해서는 현재 상황에 만족하는 태도가 중요하다고 말한다. 「안분편」은 만족함의 철학적 이치를 가르쳐주고 분수를 지키는 지혜를 강조한다. 지족은 만족할 줄 아는 것이고, 안분은 자기의 분수를 지키는 것이다. 『명심보감』에서는 안분지족을 처세의 지혜로 볼 것을 권한다.

「정기편(正己篇)」에서는 나를 바르게 하는 명언을 소개한다. 『명심보감』이 마음을 밝히는 거울을 의미하는데, 그 마음은 바로 자신의 마음이다. 『명심보감』이 여러 편으로 구성되어 있지만, 그 목적은 마음을 밝히는 데(明心) 있다. 「정기편」은 『명심보감』의 바탕이 된다. 타인을 통해 나를 바로잡을 수 있다면 타인은 나의 스승이 아닌 사람이 없다. 「정기편」은 남을 대하면서 자기의 올바름을 찾아야 한다고 강조한다. 「정기편」에서는 '삶을 온전히 보존하려면 욕심을 적게 하고 몸을 보호하려는 사람은 명예를 피해야 한다.'라고 하면서 올바른 삶을 위해서는 욕심을 줄일 것을 권한다.

「존심편」에서는 마음을 다루는 방법을 논한다. 「존심편」에서는 '신독(愼獨)'을 강조한다. 즉, 혼자 있을 때에도 큰 거리에 서 있는 것처럼 행동하라고 권한다. 「존심편」에서는 역지사지(易地思之)의 태도로 타인을 대하라고 권한다. 사람은 늘 자신 위주로 생각한다. 다른 사람의 잘못은 탓하면서도 자신의 잘못은 쉽게 용서하고, 자신이 하기 싫은 일은 남이 해 주기를 바란다. 자신의 마음을 미루어 남을 배려하고 국가 전체를 위해 노력할 때 나의 마음이 편안해지고 행복한 삶을 살 수 있다고 강조한다.

「계성편」에서는 마음의 방종을 막아야 한다고 권한다. 「계성편」에서는 방종을 경계하기 위해 분노하지 말아야 한다는 것을 강조한다. 분노를 참지 않으면 작은 일도 크게 확대된다. 분노조절장애는 그 원인을 다양한 영역에서 설명할 수 있지만, 근본적인 원인은 수양이 부족하기 때문이다. 분노를 참기 위해서는 무엇보다도 격한 순간을 참고 침착하고 냉정하게 생각해 보는 태도가 필요하다. 상대방의 기분 나쁜 이야기를 잠깐 지나가는 바람처럼 대수롭지 않는 말로 간주하는 태도가 중요하다. 그리고 이 편에서는 상대방의 입장에서 생각해보는 '역지사지(易地思之)'의 태도를 제시한다. 어떤 사람도 장점과 단점을 지니고 있다. 상대방의 단점만을 보면서 상대방을 비방하기보다는 장점을 보면서 상대방을 우호적으로 대하고, 자신을 반성하면서 겸손한 태도를 지닐 것을 권한다.

3) 인격함양의 이상과 전인교육

이 장에서는 배움의 중요성을 제시한다. 단테는 『신곡』에서 "너는

짐승처럼 살기 위해서 태어난 것이 아니다. 덕과 지식을 추구하기 위해서 태어났다."고 말한 적이 있다. 『명심보감』「근학편」과 「권학편」에서는 학문에 힘쓸 것을 권고하고 있다. 「성심편」에서는 학문하는 방법에 관한 글귀를 수록하고 있다. 공자는 학문의 목적을 외부의 지식을 획득하는 것이 아니라 자신의 내면을 성찰하면서 인격 수양에 두어야 한다고 권한다.

「훈자편」에서는 자녀교육의 중요성을 논하고 있다. 훈자(訓子)란 '아이들을 가르친다'는 뜻이다. 사람은 태어나면서 아버지와 형의 행동을 모방하면서 성장한다. 성장한 후에는 학교에서 스승에게서 배워야 한다. 교육은 미숙한 사람을 성숙한 사람이 되게 하는 것이다. 그래서 어린 학생이나 자녀를 엄하게 가르쳐야 한다고 한다고 권한다.

「성심편」에서는 보석보다는 충효가 중요하며, 집안의 화목함이 부귀보다 귀하며, 인격 수양, 인심의 이중성, 부귀와 음행, 교만과 폐해, 언어와 부귀, 술의 이로움과 해로움 등에 관해 언급하고 있다.

「성심편」에서는 사람 간에 상호 신뢰하면서 살아가야 한다고 강조한다. 이를 위해서는 무엇보다도 자신을 믿을 수 있어야 한다. 자신을 믿지 못하는 사람은 타인을 믿지 못한다. 그래서 이 편에서는 타인을 믿기 이전에 자신을 믿어야 한다고 권한다. 자신을 믿을 때 타인과 의존하면서 살아갈 수 있다고 한다.

4) 치세와 치가의 윤리

다음에는 일상 생활에서의 실천 요강을 소개한다. 『명심보감』에는 가족과 국가를 다스리는 방법을 언급한다. 먼저 「입교편」에서는 모든 일에는 근본이 있음을 알린다. 입신(立身)하기 위해서는 효도가 근본이고, 집안을 일으키기 위해서는 독서가 필요하고, 집안을 다스리기 위해서는 부지런하고 절약함이 근본이며, 일생의 계획은 어린 시절에서 시작해야 하고, 일 년의 계획은 봄철에서 시작하고, 하루의 계획은 새벽에서 시작한다. 국가 관리가 일을 처리하는 데에는 공평함이 중요하고, 재물을 취할 때에는 청렴함이 중요하며, 모든 말에는 신의가 있어야 하고, 타인에게는 진실하고 공경하게 행동해야 한다. 인간관계에서는 오륜의 도를 잘 준수해야 한다. 그리고 모든 일을 잘 처리하기 위해서는 욕심을 버리고 도덕성을 함양하고 사회질서를 준수해야 한다.

「치정편」에서는 관리의 덕목에 관한 말을 모아 놓았다. 여기에서는 관리의 도덕성을 강조하는데, 청렴, 신중, 근면성을 관리가 갖추어야 덕목을 제시한다. 관리는 가족을 다스리듯 국가와 지방을 다스려야 한다고 보았다. 『명심보감』에서는 관리는 반드시 수신으로 도덕적 인격을 갖추어야 한다고 강조한다. 그래서 관리가 되기 위한 기본적인 조건이 바로 수신인 셈이다. 정치인이 아무리 유능하다고 하더라도 도덕성을 지니고 있지 않다면, 그 능력을 공익이 아니라 사익을 추구하는 데 사용한다. 「치정편」은 관리의 품위 유지를 행정의 핵심으로 본다.

「치가편」에서는 가정관리의 원칙, 실제 부부의 화목과 부자 간의 의리를 강조한다. 가족은 사회의 기본이다. 가족 관계가 무너지면 사회질서가 무너질 수 있으므로 가정을 다스리는 윤리가 중요하다는 것을 말한다. 그리고 「안의편」에는 남편과 아내 간, 아버지와 아들 간 그리고 형과 동생 간의 간의 관계의 중요성을 소개한다. 여기에서는 백성들이 있은 후에 부부(夫婦) 관계가 성립하고, 부부 관계가 성립된 후에 부자(夫子)의 관계가 성립한다. 부자가 있는 뒤에 형제 관계가 생겼으니, 한 집안의 화목은 이 세 관계가 어떤지에 의해 결정된다고 말한다.

5) 기본적 생활윤리

『명심보감』에서는 일반인이 생활에서 지켜야 할 도덕을 말하고 있다. 그 첫 번째는 「준례편」에서 찾아볼 수 있다. 우리는 일상생활에서 다양한 규범을 준수하면서 살아가야 한다. 예로부터 동북아 국가들은 예를 중시하였다. 전통사회에서의 예는 타인에 대한 존중의 의미를 지니고 있다. 「준례편」에서는 예(禮)와 관련된 몇 가지 문구를 수록하고 있다. 이러한 예는 사회 전체의 안정과 조화를 실현하기 위해 필요하다.

『명심보감』에는 말의 신중함에 관한 격언도 언급한다. 언어는 의사소통의 수단이지만 재앙은 대부분 입에서 비롯된다. 도리에 맞지 않는 말은 상대방에게 상처를 줄 수 있다. 말이 이치에 맞지 않으면 말하지 않음만 못하다. 한마디 말이 맞지 않으면 천 마디 말이 소용이 없다. 「언어편」에서는 말을 신중하게 해야 한다는 것을 강조한다.

「교우편」에서는 친구가 필요한 이유는 무엇이며, 어떤 친구가 진정한 친구인지에 관해 언급하고 있다. 친구는 좋은 사람을 가려서 사귀어야 한다. 착한 사람과 함께 있으면 마치 지초와 난초가 있는 방에 들어간 것 같아서 오래되면 그 향기를 맡지 못할지라도 향기와 더불어 하는 것과 같다. 서로 얼굴을 아는 사람은 많다고 하지만 마음을 아는 사람은 적다. 이편에서는 친구 중요성을 소개한다.

「부행편」에서는 어진 아내가 되는 길을 제시하고 있다. 여자에게는 부덕(婦德), 부용(婦容), 부언(婦言), 부공(婦工) 등이 있다. 이 네 가지 덕에 아름다움이 있는데, 이 중에 하나도 빠뜨려서는 안 된다고 강조한다. 전통사회에서 부인이 갖추어야 할 덕에 관해 언급하고 있다.

4. 작품의 가치와 후대의 평가

범입본은 중국 명나라 후기 지식인들이 유학을 과거 공부를 위한 수단으로만 간주하고 유학이 추구하는 실천 궁행을 소홀히 하자 일상생활에서 선행을 몸소 실천하기 위한 도덕서를 위해『명심보감』을 편찬하였다.『명심보감』은 도교, 유교, 불교 사상에 바탕을 두면서 인생관과 행동 규범에서 정치 이념에 이르기까지 폭넓게 논한 도덕서로서 지식인들만이 아니라 서민들의 도덕 교육에도 영향을 미쳤다. 특히, 중국 명나라 홍무제의 칙선서로 주목받아 다양한 판본이 출판되어 일반인에게 널리 보급되었다. 하지만 중국에서『명심보감』은 시대의 변화에 적응하지 못하고 지금은 잊혀진 책이 되어 일반인뿐만 아니라 유학 전공자들도 알지 못한다.

『명심보감』초판은 중국에서 편찬되었지만, 조선에 유입되어 널리 읽히면서 서민의 도덕성 함양에 지대한 영향을 미쳤다.『명심보감』은 조선시대에는 양반집 자제들에게는 한문의 필수교재로써 널리 읽혔고, 서민 교육 기관인 서당, 글방 등에서 교재로 사용되는 등 수신서로써 서민생활에 큰 영향을 미쳤다. 특히, 조선 중기 이후에는『명심보감』 본문의 내용을 상황에 따라 가감(加減)시키면서 도덕적 삶을 사는 데 도움이 될 수 있는 기본교양서로서 역할을 해 왔다.

『명심보감』은 조선에서 일반인들의 수신서로 널리 읽혔을 뿐만이 아니라, 일본, 베트남 등 아시아 여러 국가에 수용되어 그 지역 문화에 지대한 영향을 미쳤을 뿐만이 아니라 스페인을 중심으로 한 서양의 지식인들에게 영향을 미친 서적이다. 특히 『명심보감』은 동아시아 지역의 유교 사상에 관심을 가진 선교사들에 의해서 처음으로 서양어로 번역된 한문 서적이다. 선교사들이 『명심보감』에 관심을 가진 이유로는 당시 선교사 자신들이 선교 활동 지역으로 선택한 동양, 그중에서도 중국, 한국, 일본, 베트남, 필리핀 등에서 『명심보감』이 사람들에게 가장 많이 읽히는 도덕서였기 때문이다. 『명심보감』은 스페인어로 번역되었을 뿐만이 아니라 프랑스어 독일어 영어로 번역되었고, 당시 유럽의 권위 있는 지식인들에게 많은 영향을 미쳤다. 『명심보감』은 서양인이 동양인의 마음과 도덕을 이해하는데 가장 중요한 서적으로 여겼다.

5. 더 생각해 볼 문제

『명심보감』은 옛 조상들이 항상 곁에 두고 읽으면서 그 마음을 닦고 밝혀온 보배로운 책이다. 그 안에 담겨있는 소중한 지혜는 오늘날 우리에게도 건전하고 행복한 삶을 살아갈 수 있는 인격 완성에 도움을 줄 수 있을 것이다. 그러나 현대 교육은 과거의 선현들이 인성과 도덕

중시의 교육과 상반되게 오로지 산업 사회에 부합한 인재양성만을 중시하다보니 물질적으로는 풍요롭지만 극단적인 이기적인 개인주의로 인해서 타인를 불신하는 분위기 등 여러 폐해가 심한다. 현대사회의 폐혜를 극복할 수 있는 대안을『명심보감』에서 찾아볼 수도 있을 것이다.『명심보감』은 개인의 인격 수양에서 시작하여 한 가정을 화목하게 이끌어 나가고, 사회에 참여하며, 국가를 다스리는 문제에 이르기까지 광범위한 영역에서 마땅이 가져야 할 마음 가짐과 올바른 행동을 제시하고 있다. 우리는『명심보감』을 읽고서, 옛 성인들의 정신과 지혜를 몸으로 체득함으로써 인격을 함양하고 사회와 인류 문화 발전에 기여할 수도 있다.

그렇다고『명심보감』이 오늘날 그대로 적용되어야 한다고 말하는 것은 결코 아니다.『명심보감』에는 물론 우리가 본받아야 할 덕목도 많지만 오늘날 우리가 살아가는 현대사회에 부합하지 않는 내용도 많다. 전통사회에서는 가부장적인 대가족제도이었지만 현대사회는 대가족 제도가 해체되었고, 남녀 간의 차별보다는 평등을 중시하는 상황에서 부녀자의 덕행이나 신분 간의 질서 등은 청산해야 할 덕목이다. 그래서 이에『명심보감』의 덕목을 맹목적으로 수용하기보다는 현대 사회를 살아가고 있는 우리들에게 어떠한 가치가 있는지를 생각하면서 비판적으로 접근해야 한다.